소자본으로 할 수 있는 청년 창업 백서

<제목 차례>

1. 창업개요 ·· 1
가. 서론 ··· 1

2. 트렌드 ··· 3
가. '창업 유망 트렌드' ··· 3
나. 대한민국은 지금 카페 창업 열풍 지속! ·· 4
1) 카페 창업비용 ··· 5
2) 카페 창업을 하는 이유는? ·· 6
3) 카페 창업 시 고려할 점은? ·· 7
다. 우리는 '배달의 민족' ·· 9
라. 똑똑해진 가게들... 스마트상점 확산 ·· 10
마. '공유경제' 대표 창업 아이템 공간대여 ·· 11
바. 진화하는 반려동물 사업 ·· 13
사. 시니어 사업 붐이 일다 ·· 14
아. 초개인화 사회...프라이빗 사업의 약진 ·· 15
자. 성장하는 카페 시장...뉴페이스 커피브랜드와 베이커리카페 ························· 15
차. 로코노미 트렌드 확산...지역 특산물 활용 메뉴 인기 ··································· 16
카. 양극화 현상...가성비 혹은 프리미엄 ··· 17
타. 새로운 홍보 수단으로 등장한 '이색 팝업스토어' ·· 17
파. 하이볼과 프리미엄 전통주 외식업계 점령 ·· 18
하. 시너지 마케팅이 대세...브랜드간 협업으로 효과 두 배 ································ 19
거. 디저트 사업 ··· 20

3. 소자본으로 할 수 있는 사업아이템 ·· 22
가. 창업의 전망 ··· 22
1) 소자본 기술 창업 아이템 ·· 22
나. 코로나19 이후 창업의 전망 ·· 32
1) 소확행 창업 ··· 34
2) 피보팅 ·· 35
3) 클리닝, 소독방역사업 ·· 36
4) 홈퍼니싱 ··· 37
5) 무인점포 ··· 38
다. 무자본창업, 린스타트업 ··· 40
라. 창업절차 및 주의점 ··· 42
1) 창업 문제 사례. ··· 42
2) 창업 시 주의점 ··· 42

4. 창업시장 분석 ·· 47
가. 기본 분석 ·· 47
나. 창업이슈 분석 ·· 50
1) 소액창업의 장점과 단점 ·· 50
2) 소액창업의 단점 보완법 ·· 51
다. 소비성향에 따라 업종별 사업자 수의 변화 ···························· 52
라. 사업자의 연령분포 ·· 53
1) 청년 창업 희망 업종 1위는 숙박음식업 ································ 54
2) 청년 창업 자금조달 ·· 55
마. 골목창업 ··· 57
1) 2020년 이후 골목상권 ··· 59
바. 업종별 창업 현황 ··· 62
1) 업종별 증감 분석 ··· 64
사. 구조 ··· 66
1) 창업을 시작하는 방법 ·· 66

5. 창업기업 현황 분석 ·· 72
가. 창업준비 전 고려 사항들 ·· 72
1) 기업에 영향을 미치는 요인 ··· 72
2) 창업교육 참여 여부 및 필요성 ··· 74
3) 창업환경 및 기업가에 대한 인식 ·· 76
나. 창업정책의 추진 실태와 실효성 제고 방안 ···························· 78
1) 창업 재정지원 현황 및 문제점 ··· 78
2) 창업지원사업 추진 실태와 문제점 ······································· 81
3) 창업정책의 실효성 제고 방안 ··· 94

6. 성공사례 ·· 90
가. 무자본 창업의 성공사례 ··· 90
나. 버킷리스트 유투버 ·· 91
1) 인터뷰 ··· 91
다. 더루트컴퍼니 (구 감자혁명) ·· 96
라. 노인과 청년이 모두 행복한 도전 '위로약방' ························· 98
마. 삼채총각 이야기 ··· 100
바. 새집증후군 1위업체 '반딧불이' ·· 103
1) '반딧불이' 사업이란? ··· 105
2) 1인 무점포 창업으로 청년창업 성공사례 인터뷰 ··················· 105
사. 자전거 대여(전기자전거. 사이클)라이클. ····························· 106
1) '라이클' 소개 ··· 106
2) 인터뷰 ··· 107
3) 라이클, 자전거 매장 전용 홍보공간 '비즈프로필' 출시 ·········· 111

아. 알리바바 마윈의 이야기와 명언 ··· 112
자. 주부창업으로 육아와 일 두 가지를 잡다! ······························ 115
1) 최정희님 인터뷰 ··· 115
차. 해외창업 성공사례 미국 유타주 컵밥 푸드트럭 'CUPBOP' ········ 119
카. 쇼핑몰 성공사례 '육육걸즈' ·· 121

7. 청년창업 지원제도 ··· 125
가. 생애최초 청년창업 지원사업 ·· 125
나. 집합교육 ·· 128
다. 온라인교육 ··· 129
라. 멘토링 체험 ··· 129
마. 내 가게 위치 선정을 신중하게! :: 상권분석서비스 ··················· 131
바. 전통시장에 내 가게가 생긴다!? 청년상인 창업지원 ·················· 134
사. 외식창업인큐베이팅 사업 '청년키움식당' ································ 135
아. 청년창업사관학교 ·· 136

01
창업개요

1. 창업개요

가. 서론

실업에 관한 이야기를 할 때 청년사업을 빼놓을 수 없는 20대의 문제에서도 청년실업은 커다란 이슈이다. 1997년 IMF 당시에 청년실업 문제는 잠깐 이슈화 되었다가, 정부의 노력과 IT산업을 중심으로 한 벤처열풍으로 조금 잠잠해지는 듯 보였다. 그러나 2003년 '이태백'에서부터 현재의 '88만원세대'까지 여러 가지 신조어와 함께 심각한 사회문제로 다시 대두되고 있다.

그러나 청년실업은 한국뿐만이 아니라 일본, 미국 및 유럽 선진국들도 경험하고 있는 사회 문제이다. '천유로 세대'라 불리는 유럽의 청년들은 도시에서 폭동을 일으키기도 했고 '프리터(Freeter)'니 니트(NEET)족'이라는 말들은 모두 일본에서 처음 청년들의 사회문제를 두고 붙여진 말이다.

청년실업자는 단기적 실업자들이나 기존 직장에서의 해고 등의 이유로 실업자가 된 경우와는 달리, 고용시장에 진입하지 못해 일할 기회 자체를 구조적으로 박탈당한 신규실업자를 말한다. 현재 한국의 청년실업률은 공식적으로 6.7%수준이다. 통계대로라면 27만 6천명 정도가 청년실업자인데, 이 정도의 청년실업률은 다른 나라와 비교했을 때 그렇게 높은 수치가 아니다. 그러나 이 수치는 통계의 허점을 가지고 있다. 비경제활동인구를 포함시키고 있지 않다. 실제 40만 명이 넘는 청년층 취업준비자들은 청년실업 상태에 놓여있지만 통계수치는 그들을 포함하고 있지 않다.

과거 선배들의 취업문제가 자기가 원하는 직장에 갈 수 있는가. 없는가의 문제였다면, 지금은 말 그대로 직장을 구할 수 있는가 없는가의 문제이다. 정부는 이토록 심각한 사회문제가 되고 있는 청년실업을 해결하기 위해 다양한 방안을 내놓고 있으나, 정작 문제의 중심에 서 있는 청년 백수들에겐 그게 도움이 되는지 의문이 든다. 이번 조사를 통해 우리나라의 청년실업 실태를 비판적으로 바라보고, 해결 방안, 또한 소자본으로 할 수 있는 창업아이템들, 성공사례 등을 분석해보고자 한다.

02

트렌드

2. 트렌드

가. '창업 유망 트렌드'[1][2]

2023년 한국 경제 성장률은 1.4%로 코로나가 시작된 2020년 이후 최저치를 기록했다. 지난 2022년과 비교하면 절반 정도 감소한 수치다. 한국은행이 발표한 '2023년 4/4분기 및 연간 실질 국내총생산'에 따르면 지난해 4분기 실질 국내총생산(GDP) 성장률이 0.6%로 집계됐으며 세계 14위로 파악됐다. 1인당 GDP 순위는 32위로였다.

한국은행이 집계한 지난해 한국의 실질 GDP는 약 1,996조 원. 이를 1인당 금액으로 계산하면 약 3,859만 원에 해당한다.

한국의 GDP 규모는 2020년 10위였지만 1년 전보다 한 단계 또 추락한 14위권이다. 중남미 멕시코보다 뒤진 순위로, 2012년 이후 11년 만에 가장 낮다. 2020년부터 2021년까지 10위를 차지하면서 10위권에 진입했지만 원화 약세와 다른 국가들에 비해 성장세가 둔화되었다는 것이 순위가 밀려난 이유이다. 전문가들은 "노동 연금 교육 등 구조 개혁이 지연되면서 한국 경제가 장기 저성장 국면에 접어들었다"고 평가한다. 국제기구들은 한국의 GDP 순위가 추가 하락할 가능성을 거론하고 있다. 국제통화기금(IMF)은 최근 발표한 4월 경제전망에서 2029년 인도네시아가 GDP에서 한국을 추월할 것으로 전망했다. 한국의 GDP 순위는 15위까지 떨어질 것으로 예상했다.

코로나19의 영향으로 2020년부터 2~3년간은 팬데믹의 영향으로 이커머스, 음식배달 등 온라인 업종의 매출이 1월 대비 증가하고 오프라인 기반 업종을 포함한 대부분의 기업은 매출 감소세를 보였었다. 감염병 확산의 우려로 오프라인 공간의 접촉은 피하고 비대면 온라인 소비문화가 확산되는 추이가 지속됐었다.

하지만 코로나19 엔데믹(endemic·풍토병화)으로 배달 음식 시장이 첫 역성장을 기록하면서 외식 프랜차이즈 업계도 전략을 바꾸고 있다. 온라인 배달에서 벗어나 오프라인 매장 차별화를 통해 고물가로 위축된 소비심리 공략에 나선다는 전략이다.

통계청에 따르면 지난해 음식 서비스 온라인 거래액(배달 음식)은 26조4000억 원으로 전년(26조6000억 원)보다 0.6% 소폭 감소했다. 관련 통계가 작성되기 시작한 2017년 이후 음식 서비스 온라인 거래액이 감소한 건 이번이 처음이다. 이전처럼 실내에서 배달해 먹기보다는 직접 나가 사먹는 이들이 많아졌기 때문이다. 여기에 고물가로 배달비를 부담스러워하는 소비자도 늘어난 것으로 보인다.

배달 시장이 쪼그라들 조짐을 보이자 프랜차이즈 업계도 다시 오프라인 매장에 힘을 주고 있다. 주요 상권에 새 매장을 열거나, 두 브랜드를 한 곳에서 운영하는 복합 매장 형식도 많아

---

1) 엔데믹에 배달시장 '후진'…오프라인 매장들은 '활짝', 이투데이, 2024.02.13
2) 창업정보 MZ세대를 공략하는 '공유경제' 대표 창업 아이템! [공간대여 편], 2024.06.12

지는 추세다.

나. 대한민국은 지금 카페 창업 열풍 지속!

올해 창업시장에는 여전히 '카페'가 큰 비중을 차지했다. 우리나라 인구 100만 명당 커피전문점 수는 1384개로 세계 1위다. 일본 529개, 미국 185개에 비해 압도적으로 많은 숫자다. 커피 수요가 많아지며 지난해에 이어 올해도 카페 창업 열기는 이어졌고, 신생 커피 브랜드들도 계속 생겨났다. 또 시내는 물론이고 교외에서는 베이커리 카페가 한식당을 누르고 창업 대세 업종으로 자리 잡았다.

통계청에 따르면 국내 커피전문점 수는 2022년 말 기준 10만 729개로 전년(9만 6437개)보다 4292개(4.5%) 늘어 10만개를 돌파했다. 커피전문점은 2016년 5만 1551개에서 불과 6년 새 2배 가까운 수준으로 늘어났다. 2022년 기준 서비스업 조사 결과로 집계된 이 통계는 올해 앞서 통계청 국가통계포털에 업데이트됐다.

커피전문점 매출은 2022년 기준 15조 5000억원이며 종사자는 27만명이다. 종사자 1~4명 이내 매장이 8만 4000개로 대부분을 차지한다. 국내 카페 가운데 프랜차이즈 가맹점은 2만6000개다.

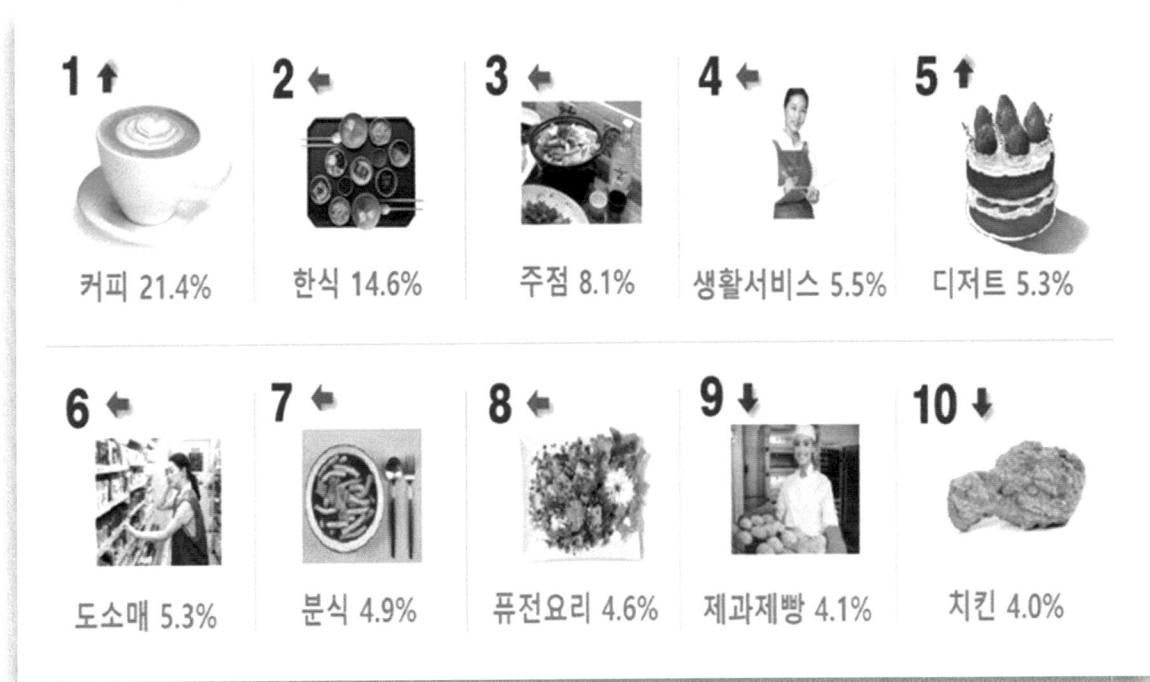

[그림 1] 창업시장 인기 업종 TOP 10

공정거래위원회가 발표한 2023년 가맹사업 현황 통계에 따르면 2022년 기준 커피 업종 가맹점 수는 전년보다 13% 늘었다. 커피 브랜드 수는 886개로 치킨(669개)보다 200개 넘게 많다.[3]

올해 주목받았던 신생 카페 브랜드로는 무인카페의 다크호스로 떠오른 <데이롱카페>, <셀렉토커피>를 운영하는 ㈜맥스윌이링크의 세컨브랜드인 <바나타이거>, 막창브랜드 <불막열삼>을 운영하는 ㈜꿈을실현하는사람들에서 론칭한 <아몽즈커피>, 캐릭터 마케팅으로 눈길을 끈 <벤티프레소>를 비롯해 <오슬랑커피>, <이삐커피>, <고더커피>, <카페 마일로>, <백억커피> <나이스카페인클럽> 등 다양하다. <나이스카페인클럽>의 경우 초당커피를 선보이는가하면 골라먹는 커피 콘셉트로 2024년을 공략할 전망이다.

베이커리 중심의 <파리바게트>가 고전하고 있는데 반해 베이커리카페 성격이 강한 <파리크라상> 대형매장들은 인기를 모으고 있다. 서울 서부역 맞은 편에 자리한 베이커리카페 <포컬포인트>는 건물 전체를 단일 매장으로 사용해 서울역을 찾는 이용객들과 단체 고객들에게 인기다.

부산 기장군 바닷가에서 가장 좋은 경관을 볼 수 있는 <코랄라니>를 비롯해 군부대 앞에 자리한 <인경화이트하우스>, 경기 남양주의 <디스플레인> 등 건물을 통째로 사용하는 대형 베이커리 카페는 커피와 베이커리를 동시에 판매해 객단가가 높다는 게 장점이다. 커피와 베이커리카페는 2024년에도 외식업트렌드를 리딩하며 확산될 전망이다.[4]

1) 카페 창업비용[5]

10평대 소형 매장에 프랜차이즈 창업의 경우 인테리어부터 기자재 구입, 재고관리, 홍보, 마케팅까지 체계적인 통합 관리가 가능한 동시에 개인의 의견을 반영하기 어렵고 초기 창업비용에 대한 부담이 높은 편이다.
최근엔 저가 커피 프랜차이즈들도 많이 늘어났는데 빽다방, 메가커피, 더벤티, 컴포즈커피 등이 있다. 메가커피의 경우 점주가 내야하는 부담금은 약 6,700만 원, 더벤티와 빽다방은 7,000만 원 후반대, 컴포즈커피는 1억원을 웃돈다.

개인카페 창업의 경우 매장 보증금과 권리금을 제외한 금액이 약 5천만원으로 프랜차이즈에 비해 저렴하다. 카페 인테리어와 카페 기자재인 커피머신 외 주방기기가 제일 큰 지출이될 수 잇는데 인테리어 비용은 평당 150-200만원 사이로 생각하면 되지만 매장 컨셉에 따라 마감재 선택에 따라 차이가 있다. 또 인테리어 컨설팅업체를 통해 카페 인테리어 도면을 요청한다면 시공비용 외에도 컨설팅 비용이 발생하게 되는데 10평대 기준 최소 50-100만원정도이다. 건물 보증금과 권리금을 제외하고 약 1억원 이상의 금액이 발생된다고 한다.

10평 소형 카페의 경우 6,700만 원에서 1억 원, 점포비용까지 합한다면 최소 1억 5,000만

---
[3] 10만개 넘어선 커피전문점…카페 창업 자본 얼마 필요할까, 이데일리, 2024.06.30
[4] 2023년 창업시장 결산과 2024년 창업시장 전망, 데일리창업뉴스, 2023.12.22
[5] 카페 창업, 1500원 커피 팔면 한 달에 얼마나 벌까?, SBS Biz, 2023.09.11

원~ 2억 5,000만 원이고 20~30평 카페는 1억 3,000만 원에서 2억 2,000만 원, 점포비용까지 합한다면 최소 2억 원~3억 5,000만 원이다. 50평 이상 대형 카페, 3억 원에서 3억 2,000만 원, 점포비용까지 합한다면 5억 원 이상 투자해야 하는데 이는 임대료와 인건비 등을 포함하지 않은 액수이다.

2) 카페 창업을 하는 이유는?

생각보다 큰 수익을 기대하기 어려움에도 불구하고, 카페 아이템은 창업선호도 1위 아이템이다. 선호도가 높은 이유가 무엇일까? 프랜차이즈 매장의 경우 고정비용을 제외한 매출액 대비 순이익률은 평균 15~20%이다. 그럼에도 불구하고 청년, 여성, 부부, 중장년, 실버에 이르기까지 커피 머신과 원두만 있으면 특별한 기술이 없어도 운영할 수 있고 육체적인 노동력이 낮은 점, 직원을 구하기 쉬운 업종이라는 등의 이유로 인기를 끌고 있다. 고수익보다는 출근하는 직장의 개념으로 창업하는 사람들도 늘고 있다.

프랜차이즈업계에 따르면 MZ(1980년대 이후 출생)창업 비중이 점차 늘어나고 있다고 한다. MZ세대의 커피 선호도가 높을 뿐만 아니라 SNS에 업로드 될 만한 개성있는 공간 사업이 주목을 받고 있고, 양질의 일자리 감소와 개인의 자율적인 삶과 성취를 중요시하는 MZ세대의 특성이 맞물려 카페 창업이 늘고 있다.[6]

카페는 상대적으로 저렴한 초기 투자로 시작할 수 있는 사업 중 하나이다. 또한 카페는 사람들이 일상적으로 찾는 장소로 자리매김하고 있기 때문에 안정적인 수익을 기대할 수 있다. 게다가 카페는 창의성을 발휘하여 다양한 메뉴와 분위기를 제공할 수 있는 사업 아이템이기도 하다. 자신이 원하는 것을 그대로 만들고 구현할 수 있기 때문에 본인의 색깔을 내는 카페들을 창업해서 만족감을 얻기고 쉽다.

그러나 카페 창업에는 몇 가지 고려해야 할 단점도 있다. 먼저, 카페 업계는 매우 경쟁이 치열하다. 따라서 새로운 카페가 시장에 진입하기 어려울 수 있다. 나만의 분위기를 내는 공간과 시그니처 음료를 만들어도 고객유치가 생각보다 쉽지 않다고 느낄 수 있다. 어느 상권에서 어떤 형태의 카페를 운영하는가 하는 선택에 많은 시간을 들여야 한다는 것이 쉽지만은 않은 일이다. 게다가 카페 운영에는 고정비용이 많이 발생한다. 장비뿐만 아니라 고객이 유입될 때까지 다양한 마케팅 비용이 들 수도 있다. 이로 인해 초기에는 수익을 올리기 어려울 수 있다. 수익이 오르지 않는 그 기간 동안 버틸 수 있는 자본금도 필요하다. 또한 카페는 상대적으로 작은 규모의 사업이기 때문에 규모의 한계가 있을 수 있다. 다양한 프랜차이즈 카페와 경쟁을 해야 하는 점도 개인 카페 창업의 리스크이다.[7]

---

6) 커피창업 시장에 'MZ바람' 부는 이유, KizMom, 2023.04.18
7) 카페 창업 장점, 단점, 법적 절차, 티스토리, 2024.03.15

3) 카페 창업 시 고려할 점은?

예산 및 비용

카페를 창업하기 전에는 자금 계획을 세우는 것이 중요하다. 카페창업자금 관리와 예비자금 마련은 창업의 성공을 좌우할 수 있으니, 이 두 가지 요소에 특별한 주의를 기울여야 한다. 안정적인 카페 운영을 위해 예상치 못한 경비에 대비한 자금을 준비하는 것은 필수다.

카페 창업을 위한 예산을 세울 때는 초기 투자비용뿐만 아니라 운영비용까지 고려하여야 한다. 임대료, 권리금, 장비 구매비용, 인테리어 비용 등은 물론 장기적으로 발생할 수 있는 유지보수 비용도 미리 계산해야 한다. 불필요한 지출을 줄이기 위해 각 항목별로 필수 비용과 선택 비용을 구분하여 우선순위를 매겨 보아야 한다.

개인 카페를 운영하면서 가장 중요한 것 중 하나는 안정적인 운영 자금이다. 충분한 운영 자금을 확보하지 못한다면, 카페가 자리를 잡기도 전에 경영난에 휩싸일 수 있다. 운영 자금을 넉넉히 마련하여 최소 3~6개월은 문제없이 운영될 수 있도록 계획해야 한다.

상권 및 입지

카페를 개업할 때 '상권 분석'과 '위치 선정'은 성공적인 매장 운영으로 가는 길에 가장 중요한 첫걸음이다. 어떤 지역이 소비자들의 발길을 잡을 수 있는 상권인지, 주변 상권과의 경쟁 가능성은 어떠한지를 정밀하게 분석하고 결정해야 한다. 우선 교통량, 카페와 역까지의 거리, 주변 주요 시설 등을 확실하게 점검할 필요가 있다. 상권 분석을 통해 유동 인구의 특성, 인근 상점들과의 경쟁 상황, 지역 주민들의 소비 패턴 등을 파악할 수 있으며 이는 위치 선정에 결정적인 영향을 미친다.

상권 분석을 위해서는 직접 발로 뛰어 조사하는 것도 중요하지만, 빅데이터 및 관련 분석 도구를 활용하는 것이 매우 효과적입니다. 이를 통해 상권 분석과 위치 선정에 소요되는 시간과 비용을 절감하고, 더욱 정확하고 객관적인 데이터에 기반한 결정을 내릴 수 있다.

> **상권 및 입지 체크리스트**
>
> - 타겟층 (연령대, 대학생, 직장인, 주부 등)
> - 유동인구   - 주차 공간
> - 마케팅 방식   - 정화조 용량
> - 전기, 수도, 가스 - 건물 이상 여부
> - 예산

하지만 번화가라고 해서 무조건 장사가 잘 되고 유동인구가 적으면 장사가 안 되는 시대는 지났다고 한다. 물론 동등한 맛과 서비스를 제공한다면 번화가의 매출이 높을 수 있겠지만 그만큼 상가 보증금이나 권리금이 높아서 부담이 된다.

요즘은 instagram, blog를 통해 방문할 카페를 검색한 뒤에 찾아가는 소비자가 늘고 있다. sns 마케팅에 자신이 있다면 유동인구가 적은 지역에서 시작해서 임대료 부담을 훨씬 적게 안고 소자본 카페창업하는 것도 가능하다.

장비 및 소품

커피를 판매하려면 우선 머신이 있어야한다. 또한 커피와 디저트를 담을 용기가 필요하다. 이처럼 카페 용품은 크게 장비(머신)와 소품(식기류)으로 나눠진다.

카페 장비는 에스프레소 머신, 그라인더, 워터디스펜서, 블렌더, 제빙기, 냉장고, 정수기, 오븐, 쇼케이스 등이 필요하고 카페 소품은 접시, 코스터(컵받침), 포크 및 나이프, 각종 조리 도구, 음식 저장 용기, 청소 용품 등이 있다.

- 에스프레소 머신
카페하면 에스프레소 머신을 먼저 생각할 것이다. 업소용 커피머신은 모든 커피음료의 기본이 되는 에스프레소를 만들 때 꼭 필요한 기기이다. 커피머신의 기본 기능은 곱게 갈린 원두가루에 뜨거운 물과 높은 압력을 가해서 진한 커피농축액, 에스프레소를 추출해낸다. 이렇게 추출한 에스프레소는 샷이라고도 부르며, 이 샷에 물을 더하면 아메리카노, 우유를 더하면 라떼가 되는 등, 어떤 재료를 더하냐에 따라 다양한 커피음료를 만들어낼 수 있다.
보급형 모델로 훼마E98, 라심발리23 등이 카페에서 많이 쓰이는 모델이다. 많이 쓰는 모델이라 AS에 강하다는 장점이 있을 수 있다.

- 그라인더 (자동그라인더)
그라인더는 커피콩을 갈아주는 머신이다. 반자동 커피머신을 사용하기 위해서는 먼저 단단한 커피콩을 곱게 갈아주는 작업을 해야하는데 그때 사용하는 게 바로 그라인더이다. 단단한 커피콩을 직접 갈아 사용하려면 손목에 엄청난 무리가 가는데, 이를 방지하기 위해 보통 카페에서는 터치 한 번으로 정해진 시간과 양만큼 원두가 알아서 갈려 나오는 전자동 그라인더를 사용한다.
자동그라인더 제품 중 인기가 좋은 제품은 메저 슈퍼졸리와 안핌이다. 메저 슈퍼졸리 일렉트로닉은 깔대기 모양으로 자동 그라인더 중에 카페에서 많이 사용하는 제품으로 70~100만원대로 구입 가능하다. 안핌 카이마노는 1백만원~2백만원대 메저보다 다소 가격이 있지만 매장에서 안핌을 많이 사용하고 있다.

- 워터디스펜서
에스프레소 머신에도 온수 기능은 있으나 대량 생산시 동일한 커피맛을 위해서는 별도의 온수기가 필요하다. 커피점에서는 물을 받을 때 일반 가정이나 사무실 등에서 쓰는 정수기 대신 워터 디스펜서라고 부르는 카페장비를 사용한다.
카페에서 주로 사용하는 제품은 나이스-3 핫워터 디스펜서이다. 인터넷 최저가 45만원선이다. 아쿠아S9이라는 제품은 물이 정해진 양 만큼만 자동으로 나오는 전자동 디스펜서인데 물을 받는 동안 다른 업무를 볼 수 있는 데다가 음료 2잔을 동시에 만들 수 있어 바쁜 매장에서 음료제조 시간을 단축시킬 수 있다.

- 블렌더
음료를 갈아만들 때 사용하는 제품이다. 최근에는 스무디나 과일주스 같은 메뉴들을 없애고 블렌더를 사용하지 않는 개인카페들이 많아졌는데 다양한 백음료들을 판매할 계획이라면 구입해야 하는 기기이다.
블렌더는 바이타믹스가 매장에서 많이 사용하는 제품이다. 인터넷 최저가 1백만원대 후반대이다. 가벼운 몸체, 용량 내구성, 음료 퀄리티 등을 고려해 봤을 때 우수하다. 매장에서는 보통 메뉴별로 원터치 형식으로 작동되는 모델을 선호한다. 카페에서 생과일 쥬스를 판매할지 여부 등을 결정하고 블렌더 크기와 대수를 결정하면 된다.

- 제빙기

자동으로 얼음을 만들어주는 기계이다. 사각, 둥근, 반달, 조각 등 제품별로 만들 수 있는 얼음모양이 다양하기 때문에 제빙기는 본인이 원하는 음료들의 비주얼을 미리 구상한 다음 선택하시는 게 좋다.
카이저 IMK-3051, 소형 카페의 경우 50kg이면 충분하다. 일시에 주문이 폭주하는 매장의 경우는 용량을 한 단계 키우거나, 정말 일시적으로 어떤 요일만 그런 경우면 그 전날 얼음을 다른 냉동고에 옮겨서 양을 두배로 확보하면 된다.

- 냉장냉동고

카페에서는 효율적으로 장비를 세팅하기 위해서 테이블냉장고를 많이 사용한다. 음료를 만들 때 동선을 최소화하기 위해 음료를 만드는 테이블 바로 아래 설치한다.

- 쇼케이스

냉장 등 온도조절이 가능해 디저트들을 먹음직스럽고 신선하게 보관&전시할 수 있는 제과 쇼케이스이다. 조각케이크, 샌드위치 등 간단한 디저트들을 판매하는 카페나 병음료, 맥주 등을 취급하는 매장에서 주로 사용하는데 그렇지 않은 매장에서는 굳이 장만하지 않아도 되는 선택적인 카페 장비 중 하나이다.

- 오븐

제과, 제빵 등 베이커리를 만드는 데 필요하다. 최근 베이커리 카페창업을 원하는 사람들이 늘어나면서 덩달아 인기가 많이지고 있는 품목이다.

다. 우리는 '배달의 민족'[8]

싱글족, 코쿠닝족이 늘어나고 SNS를 통한 소통 및 모바일 라이프가 확산되면서 배달 사업의 성장세는 천하무적이다. 치킨 피자 등 일부 영역에 국한됐던 배달 품목이 이제는 거의 전 업종으로 퍼지고 있다. 호텔식 브런치와 양식 메뉴부터 에스닉 푸드, 나아가 삼겹살과 반찬, 커피까지 배달시켜서 즐기는 세상이 됐다.

배달 사업의 장점 중 하나는 공격적인 마케팅 활동을 통해 주도적으로 매출을 만들어낼 수 있다는 점이다. '배달의 민족' 등 배달 앱 회사들도 배달을 활용한 마케팅 강좌를 수시로 개최해

---
[8] 참조 : 조선신문 2017.12.15., 15:39

서 매출 증대 방안을 제시하고 있다. 배달 전략은 창업 성공의 핵심 키워드로 자리 잡을 전망이다.
신종 코로나바이러스 감염증(코로나19) 때문에 배달관련업종이 더욱 주목을 받았었다. 아무래도 밖에 나가지 못하는 경우가 많다 보니 배달을 통해 식재료나 식사를 해결하는 경우가 많기 때문이다.

'배달의 민족'이 수수료 제도를 월 8만8천원 정액제 '울트라콜' 중심에서 성사된 주문 1건당 5.8%의 수수료를 부과하는 정률제 기반의 '오픈서비스' 중심으로 개편한다고 밝혔다가 취소한 사건 때문에 큰 논란이 되기도 했었다. 새 정률제 서비스는 매출 규모가 클수록 수수료도 늘어나는 구조여서 소상공인들에게 더 큰 부담을 지운다는 논란이 있었다. 특히 배달의 민족에 매출을 많이 기대고 있는 자영업자와 소상공인들에게서 수수료 인상에 대한 우려와 불만이 쏟아져 나왔고, 이에 '배달의 민족을 쓰지 말자'는 움직임도 나타나기도 했었다.

하지만 코로나19 팬데믹은 우리 사회를 '언택트' 시대로 급격하게 전환시켰고, 그 중심에는 배달 플랫폼 '배달의 민족'이 있었다. 격리와 사회적 거리두기 속에서 배달의민족은 비약적인 성장을 이뤘고, 이제는 일상에서 빼놓을 수 없는 존재가 됐다. 현재 국내 배달앱 시장은 배달의민족, 요기요, 쿠팡이츠가 삼분하고 있으며, 그 중 배달의민족은 독보적인 1위 자리를 유지하고 있다. 배달의민족의 성장은 단순히 플랫폼 기업의 성공을 넘어, 새로운 고용 창출과 부가가치 창출이라는 긍정적인 결과를 가져왔다. 배달 기사라는 새로운 직업군이 등장했고, 음식점들은 배달 서비스를 통해 매출 증대를 이룰 수 있었다. 이외에도 배달의민족은 서울특별시와 협약해 어르신 200명을 채용하고, 부산광역시, 광주광역시와 협약해 각각 500여 명 규모의 콜센터를 신설했다. 있다. 또한 배민B마트, 배민쇼핑라이브 등 다양한 서비스를 제공하며 새로운 부가가치를 창출했다.[9]

라. 똑똑해진 가게들... 스마트상점 확산

올해 식당과 카페에 눈에 띄게 증가한 것이 키오스크와 테이블오더, 서빙로봇 등의 스마트기술이다. 연초 중소벤처기업부와 소상공인시장진흥공단이 진행하는 <2023년 스마트상점 기술보급 사업>은 신청이 시작 되자마자 5대 1이 넘는 경쟁률로 신청자가 쇄도했다.

스마트기술은 자영업자들의 최대 고민인 구인난을 해결하고 업무 환경을 개선하는데 큰 도움이 됐다. 특히 테이블오더는 테이블에서 고객이 주문 혹은 주문과 결제를 동시에 할 수 있기 때문에 직원 1.5~2명 몫은 충분히 한다는 평가다.

이처럼 스마트기술이 확산된 데는 정부지원사업이 한 몫 했다. <2023 스마트상점기술보급사업>을 통해 많은 소상공인들이 기술비용의 70~80%를 지원받아서 로봇기술이나 테이블오더, 전자칠판 등을 도입할 수 있었다.

---
9) 배달의민족, 언택트 시대의 '히어로'에서 '뜨거운 감자'로?, 문화뉴스, 2024.07.02

2023년 스마트상점 기술보급 사업에 참가한 소상공인들도 기술도입 후 실질적인 효과를 거두고 있는 것으로 나타났다. 서울 마곡동에 있는 <머슬장어>는 테이블오더 도입으로 술 매상이 20% 올랐다. 서울 화곡동의 <카츠야미 화곡점>은 키오스크 도입 후 10평 매장에서 매출이 2배 상승했다. 배달전문 매장이었는데 홀영업을 병행하게 되면서 키오스크를 도입해 추가 인력 없이 주문과 결제 문제를 해결한 덕분이다. 서울 미아동에 있는 피부관리샵 <헤리티지 스파>는 체형분석기를 도입해 재방문율 90%, 객단가 20% 상승하는 효과를 거뒀다.

정부는 내년에도 스마트상점을 더욱 확산시킨다는 계획이다. 2024년에는 프랜차이이즈 시장에 푸드테크와 스마트기술 도입이 활발해질 전망이다. <비비큐>, <교촌치킨>, <자담치킨> 등 굵직한 브랜드들이 로봇 도입에 관심을 보이고 있어 로봇을 이용하는 매장이 더욱 늘어날 전망이다.10)

마. '공유경제' 대표 창업 아이템 공간대여

'MZ'세대의 지금 시장 트렌드는 '공유경제'이다. 물건뿐만 아니라 지식이나 경험 및 아이디어 등 존재하는 모든 것은 공유할 수 있는 재화가 된다. '유연한 공간 시장'이라고 불리는 공간대여 비즈니스는 임대차계약을 체결하여 월세를 받는 전통적인 임대업과는 다른 새로운 형태의 임대업이다. 이는 유휴공간을 활용하기 때문에 공실률을 낮출 뿐만 아니라 시간·일·월 단위로 유연하게 대여하는 임대 형태이기 때문에 지속적인 수익 창출 측면에서 매력적인 자본 사업으로 주목받고 있다.

현지 체험형 숙소인 에어비엔비는 전 세계 1억 6천만 명 이상의 회원을 보유한 글로벌 숙박 공유 플랫폼이다. 현지인 집에 머무르며 해당 지역의 생활문화를 체험할 수 있다는 장점으로 에어비엔비 숙소에 대한 여행자들의 수요는 끊이지 않고 있는데, 집의 남는 공간을 공유하거나 소자본으로 운영하고자 하는 분들에게 유망한 창업 아이템으로 각광받고 있다.

---
10) 2023년 창업시장 결산과 2024년 창업시장 전망, 데일리

딱 필요한 기간만큼 주 단위도 계약이 가능한 단기임대 숙소는 주거 취향이 다양하고, 경험을 중시하는 MZ세대에게 취향 저격인 새로운 임대시장 트렌드이다. 한달살이, 워케이션 등 새로운 라이프스타일이 등장하면서 전세, 월세와 같은 기존의 임대시장에 비해 유연하고 다양한 매물의 수요가 급증하고 있다. 주 단위 수요로 인해 월세에 비해 수익률이 높고, 공실률은 낮아 전월세보다 수익적 측면에서 장점이 많은 아이템이다.

주거비를 절약하기 위해 한 주택을 여러 사람이 나누어 쓰는 쉐어하우스는 청년층 및 1인 가구의 수요가 많은 아이템이다. 고시원이나 일반 원룸보다 쾌적한 컨디션의 집을 비교적 저렴한 보증금과 월세로 거주할 수 있다는 장점 때문에 1인 가구 비율이 높은 지역이나 교통이 편리한 역세권, 혹은 대학가 근처의 쉐어하우스에 대한 관심이 높다. 월세로 계약한 집을 쉐어하우스로 만들어서 입주민에게 재임대(전대)하는 방식으로 운영 가능하기 때문에 소자본으로 도전해 볼 수 있는 장점이 있다.

외식업계에도 공유경제의 바람이 불고 있다. 주방 기기와 설비가 모두 갖춰진 주방 공간을 임대 해주는 '공유주방'은 초기 투자 비용을 낮추고 임대료 등 고정비용 절감과 운영리스크를 줄여 음식점 창업의 높은 폐업률을 감소시킬 수 있는 획기적 대안으로 떠오르고 있다. 국내 외식업의 평균 수명이 30개월을 넘지 못하는 현실 속에서 지속가능한 F&B 시장을 만들기 위해서는 비용 절감 측면의 비즈니스 인프라가 구축되어야 하기 때문에 공유주방 임대업은 향후에도 전망이 좋은 아이템으로 볼 수 있다.

1인 가구의 증가와 치솟는 주거비용, 수도권의 인구 집중 현상은 도심지역 과밀화를 심화시켰고, 그 결과 1인당 주거 면적은 해마다 감소하고 있다. 갈수록 협소해지는 주거공간으로 인해 외부 창고 이용에 대한 수요는 꾸준히 늘고 있다. 공유창고의 장점은 공간이 채워지기만 하면 대부분의 고객은 짐을 맡기고 연장하며 장기간 이용하기 때문에 고정수익이 지속적으로 발생하는 구조라는 점이다. 또한 다른 업종에 비해서 비교적 유지비가 적게 들어가기 때문에 안정적인 경영 유지가 가능한 아이템이다.

바. 진화하는 반려동물 사업

반려인구 1500만 시대가 되면서 펫 사업은 매년 성장세를 보이고 있다. 올해도 반려동물과 관련된 다양한 신사업이 등장하며 눈길을 끌었다. 펫 여행 및 보험 상품이 다양해졌고, 반려동물 정육점, 반려동물 음악서비스도 나왔다.

<마이펫미트>와 <오케이펫미트>름 반려동물 정육점이다. 경기도 광주에 위치한 <마이펫미트>는 서울에서 첫 오픈 후 광주로 확장 이전을 했다. 사람도 먹을 수 있는 신선한 고기와 생식을 판매한다. 시중에서 쉽게 구매 할 수 없는 캥거루고기, 칠면조, 양, 돼지부산물, 소고기, 닭,오리, 말, 연어 등 그 밖에 많은 고기를 판매하고 있다. 현재는 온라인 판매만 하는 중이다.

<오케이펫미트>는 충남 서산에 있다. 신선한 원료육과 프리미엄 분쇄육, 애견 생식, 애묘생식 그리고 수제간식과 화식을 판다.

먹는 것 위주였던 반려동물 사업이 진화하며 정서적인 면까지 신경 쓰는 서비스도 등장했다. 펫 음악 서비스가 그것이다. 인공지능(AI)·빅데이터 전문 기업 비투엔은 최근 합작법인 설립을 위해 MOU를 체결한 XOOX LAB Inc.와 함께 CCTV와 스피커를 통한 펫 맞춤형 음악 추천

AI 기술 출시를 본격화했다.

이 서비스는 반려동물이 편하게 즐길 수 있는 주파수와 데시벨에 맞춰 반려동물 취향에 맞는 음악을 선택해 들을 수 있다. 특히 홀로 주인을 기다리는 반려동물을 위해 3000여 곡의 음악을 기본 제공하며, 반려인은 직접 음악을 제작해 업로드도 가능하다. 최근에는 반려동물 창업을 교육하는 전문기관들도 많이 등장하고 있어 펫코노미의 창업 확산은 2024년에도 계속될 전망이다.

사. 시니어 사업 붐이 일다

지난해 말 기준 65세 이상 고령인구는 전체 인구의 18%를 넘어섰다. 이 수치는 점점 높아져 2050년이 되면 40%에 육박할 것으로 전망된다. 이렇게 초고령 사회에 진입하면서 시니어 관련 사업들이 눈에 띄게 증가하며 2024년에도 지속적인 성장세를 이어나갈 전망이다. 시니어 관련 사업에는 시니어들을 대상으로 한 '시니어 개인비서 서비스', '시니어 취미 플랫폼', 시니어의 인력을 활용하는 '시니어 배송 서비스' 등 다양하다.

시니어 개인 비서 서비스 <똑비>는 디지털 활용에 어려움을 겪는 시니어들을 위해 만들어졌다. 시니어들을 대상으로 일상생활과 관련된 개인비서 서비스를 제공한다. TV 홈쇼핑 물건 구매, 기차나 맛집 예약 등을 대신 해준다. <똑비>는 똑똑한 비서의 약자다.

㈜로쉬코리아에서 운영하는 <시소>는 시니어들의 여가생활을 위한 플랫폼이다. <시소>는 '시니어는 소중하다'는 뜻을 담고 있다. 5060세대를 위한 문화·여가·취미 관련 콘텐츠를 소개한다. 온라인 콘텐츠부터 오프라인 액티비티까지 내 취향에 맞는 다양한 경험 정보를 편하고 쉽게 볼 수 있다. 5060세대가 특별한 경험을 쌓을 수 있도록 오프라인 프로그램도 운영한다. 다양한 취미와 문화체험 등을 즐길 수 있다.

내이루리 주식회사에서 운영하는 <옹고잉>은 시니어 인력을 기반으로 하는 정기배송 서비스를 제공한다. 옹고잉은 현재 60세 이상의 시니어 배송원을 고객사 별로 전담 배치하고 있다. 배송 이외에 물품 진열, 용기 수거 등 고객사의 니즈에 맞춘 맞춤형 배송 서비스를 한다.

㈜써드에이지에서 운영하는 <프로커넥트>는 국내의 전문적인 능력을 갖춘 시니어들을 그들의 능력을 필요로 하는 기업과 연결해주는 서비스를 하고 있다.

시니어 홈케어 사업체인 <케어닥>은 올해 11월 170억 원 규모의 시리즈B투자를 유치했다. 누적투자 유치금액은 300억 원이 넘는다. <케어닥>은 높은 매출 성장률을 기록하면서 홈케어서비스, 방문요양돌봄센터, 시니어주거 등 다양한 돌봄비즈니스로 성과를 내고 있다.

아. 초개인화 사회…프라이빗 사업의 약진

초개인화 시대를 맞아 프라이빗 사업 창업이 확산될 전망이다. 코로나19 이후 프라이빗한 라이프 스타일이 확산되면서 개인적인 공간을 제공하는 사업들이 크게 늘어났다. 오픈할 때부터 조용히 화제가 되어 핫플레이스가 된 '무인 고깃집'과 '1인 세신샵', '1인 미용실'을 비롯해 최근에는 '1인 수영장'과 '프라이빗 키즈룸' 등도 생겨났다.

서울 금호동에 있는 고깃집 <비원>에는 직원이 없다. 무인 고깃집이다. 이곳은 일반 음식점의 룸 개념이 아닌 안내된 비밀번호를 통해서 예약자만 입장하여 이용할 수 있는 프라이빗 장소다. '100% 예약제'로만 운영된다. 메뉴, 인원, 시간을 정할 수 있는 고객 맞춤형 식당이다. 예약 시간에 맞춰 주문한 메뉴와 주류가 준비된다.

코로나 팬데믹으로 생겨난 대표적인 사업이 바로 '1인 세신샵'이다. 1인 세신샵은 독립된 공간에서 세신사의 서비스를 받으며 혼자 목욕을 즐길 수 있는 곳이다. 단순히 때만 미는 것이 아니라 마사지도 받을 수 있다. 예약으로 운영되며 개인의 피부 타입에 맞게 마사지와 세신 서비스의 선택이 가능하다.

혼자서 수영을 할 수 있는 '1인 수영장'도 등장했다. 더메이커스에서 개발한 스크린 수영장인 1인 수영장 <스윔핏>은 개인 맞춤형 운동과 프라이빗 공간을 원하는 고객들을 위한 시설이다. 개인용 수조에 인공파도 모듈과 연동된 앱 시스템, 스크린 시스템을 설치해 공간 활용을 최소화하면서 수중 운동이 가능하도록 고안됐다.

음식점에서는 오마카세 서비스가 늘어날 전망이다. 오마카세는 1대1서비스는 아니지만 높은 객단가와 예약 중심 문화로 식당 운영에 따른 효율을 극대화해서 10평 남짓한 작은 매장에서도 높은 매출이 가능하다는 게 장점이다. 스시오마카세 브랜드인 <오사이초밥>은 1년 사이에 가맹점이 20개 이상 늘어날 정도로 관심을 모으고 있다.

프라이빗 공간들을 운영할 때 가장 중요한 것은 좋은 품질의 서비스를 제공하는 것이다. 고객이 높은 비용을 지불하고 프라이빗한 공간을 선택한 것은 나만의 특별한 시간을 보내며 추억을 만들고 싶기 때문이다. 사업가는 그에 걸 맞는 고급서비스를 제공해야 한다.

자. 성장하는 카페 시장…뉴페이스 커피브랜드와 베이커리카페

올해 창업시장에는 여전히 '카페'가 큰 비중을 차지했다. 우리나라 인구 100만 명당 커피전문점 수는 1384개로 세계 1위다. 일본 529개, 미국 185개에 비해 압도적으로 많은 숫자다. 커피 수요가 많아지며 지난해에 이어 올해도 카페 창업 열기는 이어졌고, 신생 커피 브랜드들도 계속 생겨났다. 또 시내는 물론이고 교외에서는 베이커리 카페가 한식당을 누르고 창업 대세 업종으로 자리 잡았다.

올해 주목받았던 신생 카페 브랜드로는 무인카페의 다크호스로 떠오른 <데이롱카페>, <셀렉토커피>를 운영하는 ㈜맥스원이링크의 세컨브랜드인 <바나타이거>, 막창브랜드 <불막열삼>을 운영하는 ㈜꿈을실현하는사람들에서 론칭한 <아몽즈커피>, 캐릭터 마케팅으로 눈길을 끈 <벤티프레소>를 비롯해 <오슬랑커피>, <이쁘커피>, <고더커피>, <카페 마일로>, <백억커피> <나이스카페인클럽> 등 다양하다. <나이스카페인클럽>의 경우 초당커피를 선보이는가하면 골라먹는 커피 콘셉트로 2024년을 공략할 전망이다.

베이커리 중심의 <파리바게트>가 고전하고 있는데 반해 베이커리카페 성격이 강한 <파리크라상> 대형매장들은 인기를 모으고 있다. 서울 서부역 맞은 편에 자리한 베이커리카페 <포컬포인트>는 건물 전체를 단일 매장으로 사용해 서울역을 찾는 이용객들과 단체 고객들에게 인기다.

부산 기장군 바닷가에서 가장 좋은 경관을 볼 수 있는 <코랄라니>를 비롯해 군부대 앞에 자리한 <인경화이트하우스>, 경기 남양주의 <디스플레인> 등 건물을 통째로 사용하는 대형 베이커리 카페는 커피와 베이커리를 동시에 판매해 객단가가 높다는 게 장점이다. 커피와 베이커리카페는 2024년에도 외식업트렌드를 리딩하며 확산될 전망이다.

차. 로코노미 트렌드 확산...지역 특산물 활용 메뉴 인기

작년부터 창업시장에 붐을 일으켰던 '로코노미 트렌드'는 올해도 이어졌다. 특히 지역 특산물을 활용한 메뉴개발이 활발했다. 2024년에도 로코노미는 프리미엄 전략과 건강, 차별화 전략으로 많이 활용될 전망이다.

지역 특산물를 활용해 히트한 대표적인 브랜드는 <맥도날드>이다. 작년 7월에 선보인 '진도 대파 크림 크로켓 버거(이하 대파 버거)'는 전남 진도산 대파를 활용했다.

'대파 버거'는 해풍을 맞고 자라 육질이 단단하고 일반 대파보다 맛과 향이 진한 진도 대파를 크로켓과 소스에 담았다. 한국인에게는 익숙하지만 버거 재료로는 잘 사용하지 않는 '대파'를 접목한 것이 특징이다. '대파 버거'는 출시 일주일 만에 50만 개가 팔리며 인기를 끌었다.

서울 강남구 신사동에 문을 연 팜투테이블 코너스토어 <누베이스 가로수길점>은 사과, 오미자, 토마토 등 레드푸드로 유명한 장수군과 컬래버레이션한 로컬스토어로 운영되고 있다. 장수군 오미자와 사과를 비롯해 유기농 야채를 활용한 다양한 음료와 음식으로 인기를 끌고 있는 <누베이스>는 서울 성수동에서 열린 글로벌 뷰티 매거진 '얼루어 뷰티페어'에 초대받아 장수군의 레드푸드 음료를 선보였으며, 방탄소년단을 키워낸 <하이브>와 제휴해 K로컬 푸드로 K팝 아티스트와 스텝들의 에너지 충전소 역할을 하게 된다.

커피 프랜차이즈 <커피에반하다>는 지난 가을 국내산 이천 쌀을 활용한 신메뉴를 출시했다. 이천시 지역 특산물인 쌀 베이스에 건조 스위스콘, 마스카포네 치즈, 브라운 펄을 조합했다. 건조 스위트콘과 쌀이 만나 은은한 곡물의 단맛이 특징인 '이천 쌀라떼', 이천 쌀라떼에 블랙

곤약이 더해진 '곤약 이천 쌀라떼' 등이 주요 메뉴다.

<투썸플레이스>는 지난 여름 '제주 우도 땅콩 아이스크림'을 출시했다. 제주 우도 땅콩 아이스크림은 소프트 아이스크림 위에 제주도 우도산 땅콩과 사양 벌꿀을 얹은 제품으로, 지역 특산물을 사용해 국내 인기 여름 휴가지인 제주도의 고유한 분위기를 담았다.

카. 양극화 현상...가성비 혹은 프리미엄

올해 창업시장에서 양극화 현상은 더욱 뚜렷해졌다. 1만 원대 미만 가성비 식당이 확산되는 반면, 수십만 원대의 호텔 뷔페가 문정성시를 이루는 현상이 동시에 벌어졌다.

크리스마스 케이크도 9980원짜리가 출시되는가 하면, 30만 원대 케이크도 등장해 화제가 됐다. 소비의 양극화 현상은 평소에는 가성비 식당이나 가성비 음식을 먹으며 절약하고, 아낀 비용으로 특별한 날에 보상 심리로 지출하는 사람들이 늘어나면서 생긴 것으로 분석된다.

코로나 이후 외식업의 대세 창업 업종으로 자리잡은 고깃집에서는 냉동삼겹살을 판매하는 냉삼전문점도 몇 년째 인기를 모으고 있으며 스몰사이즈 커피 한 잔 가격이 900원대인 <매머드커피>를 비롯해 저가 커피 열풍도 계속되고 있다.

중소기업중앙회가 올해 말에 조사한 자료에 따르면 소상공인의 90% 이상이 내년에 경영이 더 악화될 것으로 전망했다. 금리인상으로 인한 소비 위축으로 2024년에도 소비 및 창업 시장의 양극화 현상은 심화될 전망이다.

타. 새로운 홍보 수단으로 등장한 '이색 팝업스토어'

이색 팝업스토어로 톡톡한 홍보효과를 거둔 대표적인 브랜드는 <하이트진로>이다. <하이트진로>는 팝업스토어 '두껍상회'로 인기몰이를 했다. 국내 주류 최초 캐릭터샵인 <두껍상회>는 판촉용으로만 제작하던 하이트진로의 두꺼비 굿즈를 구매하고 싶다는 소비자들의 요청에서 출발했다. 서울로 한정했던 두껍상회는 전국으로 확대, 어른이 문방구로 불리며 인기를 얻었다. 얼마 전에는 크리스마스를 겨냥해 <두껍상회 클럽 1924>를 오픈해 화제를 일으키고 있다.

<코카콜라>는 다가오는 크리스마스를 기념해 성수동 소재 GS25 프리미엄 플래그십 매장 도어투성수에서 '코카-콜라 크리스마스 파티' 팝업 체험존을 지난 2일부터 다음달 2일까지 운영 중이다. <코카콜라> 브랜드의 상징적인 캐릭터 폴라 베어와 함께 즐기는 크리스마스 파티 콘셉트로 진행된다.

편의점들도 앞다투어 이색 팝업스토어를 오픈하며 브랜드 홍보에 나서는 추세다. <세븐일레븐>은 올해 2월까지 서울 잠실에 라면 팝업스토어를 열었다. '쉬림톰냠플레이버'를 비롯한 해외라면 12종과 국산라면 19종 등 31종의 세계 인기 라면을 판매했다. 88라면스테이지 전용 나무젓가락과 냅킨 등 25종의 관련 굿즈도 선보였고, 즉석 라면 조리기도 운영해 좋은 반응을 얻었다.

파. 하이볼과 프리미엄 전통주 외식업계 점령

배달 수수료 및 마케팅비 부담, 치솟은 식재료 가격 등으로 수익성이 점점 악화되는 외식업계에서는 주류 판매와 음료 전략이 갈수록 중요해지고 있다.

고깃집을 비롯해 일반 음식점을 살린 주류 중 하나는 하이볼이다. 일본에서 불어온 하이볼 열풍은 산토리 위스키 수급이 힘들 정도로 대단했다. 하이볼은 만드는 방법이 단순한데다 한 잔당 가격이 1만 원대로 비싸서 음식점들이 간단하게 객단가를 올리는 좋은 방법이라 식당들마다 하이볼 판매가 큰 인기를 끌었다.

프리미엄 전통주도 젊은층 사이에 인기를 끌면서 음식점의 객단가를 높이는데 큰 기여를 했다. <1992 덮밥&짜글이 강남점>은 고흥유자주, 한산모시소곡주 같은 전통주 라인을 강화해 저녁 매출 증대를 꾀했다.
프리미엄 전통주가 음식점의 인기 주종으로 자리잡는 데는 달라진 음주 및 접대 문화도 한 몫 했다. 빨리 취할 정도로 술을 마시는 게 아니라 음식과 페어링된 술을 즐기는 문화가 영향을 미쳤다. 이에 따라 10만원이 훌쩍 넘는 프리미엄 전통주를 음식점에서 즐기는 고객층도 늘어나고 있다. 2024년에도 주류 문화의 변화는 계속될 전망이다.

하. 시너지 마케팅이 대세...브랜드간 협업으로 효과 두 배

식당이나 카페들이 메뉴의 맛만으로 승부하는 시대는 지났다. 홍보 마케팅을 하지 않으면 살아남을 수 없다. 올해 창업시장에도 이러한 마케팅을 위한 다양한 전략들이 나왔다. 그 중 하나가 '시너지 마케팅'이다.

'시너지 마케팅'은 동종·이종 업계 간의 컬래버레이션을 통해 색다른 브랜드 경험을 제공하며 홍보 효과를 두 배로 높이는 전략이다.

'시너지 마케팅'의 대표 사례는 편의점과 유명 맛집 간의 협업이다. 편의점 GS25는 지난 9월 용리단길 베트남 맛집 <효뜨>와 손잡고 쌀국수와 돼지고기덮밥을 출시했다. 이 밖에도 GS25는 <몽탄>, <남영돈> 등의 유명 맛집과 컬래버레이션해 프리미엄 간편식을 출시하면서 차별화를 꾀하고 있다.

SPC <배스킨라빈스>는 <프릳츠>·<노티드> 등 핫한 브랜드들과의 협업으로 MZ세대 소비자들에게 다가섰다.

<배스킨라빈스>는 지난 8월 <배달의민족>과 협업해 '초코야 민트해'를 한정 출시했다. '초코야 민트해'는 배스킨라빈스 스테디셀러 '민트 초콜릿칩'의 민트 아이스크림과 초콜릿칩 구성을

반전시켜 반민초단도 부담 없이 즐길 수 있는 플레이버로, 민초단은 물론 새로운 도전을 좋아하는 MZ세대 소비자들을 겨냥했다.

<배스킨라빈스>는 이밖에도 '코리안 빈티지' 감성으로 MZ세대에게 사랑 받고 있는 스페셜티 커피 전문점 <프릳츠(Fritz)>, 프리미엄 디저트 카페 <노티드(Knotted)>와도 협업해 눈길을 끌었다.

평범하고 뻔한 것보다 개성 있고 눈에 띄는 것을 선호하는 2030세대들을 겨냥한 시너지 마케팅은 2024년에도 더욱 활발하게 이루어질 전망이다.

거. 디저트 사업

디저트가 여성이 사업하기 좋은 사업아이템으로 인기를 얻고 있다. 식문화의 트렌드가 젊고 트렌디한 감각으로 변화하면서 카페가 복합적인 문화공간으로 거듭난 결과다. 특히 젊은 여성 세대들은 밥집보다 세련된 카페를 이용하는 횟수가 더 많아 카페에 친숙한 20·30세대 여성들을 겨냥한 다양한 창업아이템이 생겨나고 있다.
커피나 디저트 등 기호식품이 인기를 끌면서 시장에도 변화가 나타났다. 여성 예비 창업자들 사이에선 인기창업으로 커피나 디저트를 취급하는 업종이 크게 두각을 보이고 있다. 유행에 치우친 아이템은 불안정한 수익으로 부정적인 영향을 주지만 이와 반대로 디저트 사업아이템은 계절의 영향을 받지 않는 스테디셀러로 각광 받고 있다.

요즘 젊은 세대들은 조각케이크, 마카롱, 브레드등 특별한 디저트, 혹은 지인에게 특별한 디저트를 선물하는 것을 다수 많다. 이처럼 sns에 소문이 나고 사람들이 많이 찾게 된다.
개인클래스도 창업반이 생기는 만큼 청년들이 많이 추구하고 있는 사업이다.

그림 7 디저트 - 마카롱

03

소자본으로 할 수 있는 사업아이템

3. 소자본으로 할 수 있는 사업아이템

가. 창업의 전망

1) 소자본 기술 창업 아이템

최근 예비창업자들의 관심이 소자본 기술 창업 아이템에 집중되고 있다. 기술형 창업아이템의 경우 일반 프랜차이즈 창업과 다르게 오랜 기간 안정적으로 운영할 수 있다는 측면에서 후한 점수를 받고 있는 것.

고정 지출비용이 적을 뿐만 아니라 점포 크기도 작아 초기 투자비용이 저렴하다는 점도 소자본 창업자들의 관심을 끄는데 한몫하고 있다. 매출이 높지 않아도 높은 수익을 가져갈 수 있는 1인 창업 아이템이다 보니 더욱 각광 받는 추세다.

토탈 생활 기술서비스 '핸디페어'는 전국 가맹점 480여개를 확보하고 있는 기술 창업 아이템이다. 유행이나 경기에 상관없이 운영할 수 있는 새로운 개념의 기술 집약형 소자본 창업이다. 일반적인 보수, 수리 외에 클리닝 서비스, 에어컨, 세탁기 청소 등 매출을 올릴 수 있는 다양한 서비스를 제공하기 때문에 비수기가 없는 연중 사업 아이템이라는 평가를 받는다.

주택가 골목에도 개설이 가능하다. 점포 구입비용 및 임차료 부분에 있어서 창업자의 고민을 줄였다는 장점이 돋보인다. 점포임대료를 제외하고 2500만원이면 창업할 수 있다.

교육은 이론부터 마케팅, 매뉴얼 교육, 현장 실습까지 체계적으로 이뤄진다. 본사가 제공하는 기술 및 운영교육과 지속적인 기술 감독을 받는 등 기술 초보자라도 손쉽게 창업이 가능하도록 지원받을 수 있다.

핸디페어의 가맹점주가 되면 해당 상권을 부여받고 영업할 수 있다. 교육 이수 후에도 기술 바이저를 통해 주기적으로 기술지원이 이루어지게 된다. 가맹점주들의 지속적인 경쟁력 향상을 위해 가맹점 역량강화 교육도 실시한다.

가맹 점주는 주로 집이나 상가, 오피스 등 생활에 필요한 간단한 수리에서부터 도배, 목공, 수리, 보수, 청소, 방역 황토건축, 인테리어, 리모델링까지 일상생활의 곤란한 일들을 해결해 주는 역할을 한다. 합리적인 가격 및 양질의 서비스를 제공해 바쁘게 살아가는 현대인들에게 큰 호응을 얻고 있다.

김주원 핸디페어 대표는 "건축 시공에서 유지 보수까지 저렴한 가격으로 한 번에 해결할 수 있는 장점 덕에 요즘 같은 불황기에도 핸디페어를 찾는 예비창업자들의 수가 증가하고 있다"며 "가맹점주들이 서로 전문 분야 기술력을 공유하는 `기술 품앗이` 모델을 무기삼아 1인 기술 창업의 대표적인 성공 브랜드로 키우겠다"고 말했다.[11]

가) 디저트 카페

와플과 젤라또 아이스크림과 커피를 주력 상품으로 커피전문점과 기존의 패스트푸드점의 식상함을 벗어나 젊은 여성들을 타겟으로 새로이 등장한 요식업종. 부담스럽지 않게 식사를 대신할 수 있는 메뉴로 커피전문점과 패스트푸드점의 장점을 동시에 갖추고 있다.

디져트카페 창업 시 가장 고려해야할 사항은 유동인구가 많은 상권의 입지이다. 디져트카페라는 특정한 트렌디한 이미지가 강하고 주 고객이 젊은 여성들이다 보니 대형 상가권이나 대학로 인구밀집지역 등으로 상가를 계약하는 것이 관건이다.

그림 8 디저트 카페

A급 상권에 큰 평수를 생각할 경우 3억 정도를 예상하지만 업종의 특성상 생계형 창업이 가능하므로 변두리건 상권에 학생들을 타깃으로 할 경우 소규모 점포와 메뉴를 개인적으로 개발하다면 3천만 원 내외에도 가능하다.

나) 인터넷 쇼핑몰

현재 웹상에 수없이 많은 쇼핑몰이 오픈하고 문을 닫기를 반복하지만 온라인에서처럼 사업의 감각이 있는 사람은 얼마든지 인터넷쇼핑몰로 큰 수익을 만들어 낼 수 있다. 더군다나 소자본, 1인 창업이 가능하다는 큰 메리트가 있다.

요즘은 기업들의 제휴마켓팅으로 호스팅 비용이나 물건대금 없이 운영할 수 있는 무료쇼핑몰

---

11) 블로그 참조 https://cafe.naver.com/changuplist/1340

이 넘쳐난다.(아래 따로 소개) 홍보나 마케팅에 능력이 있는 사람은 여전히 한 푼도 투자하지 않고도 월 1000만 원 이상씩 고소득을 올리고 있는 사람이 많다.

또한 개인블로그나 SNS통해 판매를 하여 소득을 올리고 있다.
핸드메이드 어플이 나올 정도로 인터넷 판매가 많아지고 있는 추세이다.

그림 9 인터넷 쇼핑몰

쇼핑몰도 아이템에 따라 비용이 다르지만 평균적인 비용을 보면 호스팅비용 상품비용, 기타 비용 등을 계산하면 500만 원 정도가 책정된다.
하지만 요즘엔 상품에 따라 비용에 달라서 더 저렴하게 할 수도 있다.

다) 자판기 창업

오래전부터 시작됐던 소규모자본 창업중 하나이지만 여전히 메리트가 있다. 기존의 자판기 말고 수없이 많은 아이디어 자판기가 쏟아져 나오고 있고 그중 경쟁력이 있다고 생각되는 아이템을 잘 선택하면 대기업 부장급 연봉은 쉽게 넘어설 수 있다.

보통 접근하기가 어렵다고 생각하는데 자판기 회사에서 어느 정도 입지 선정도 해주고 뒷받침을 해주기 때문에 큰 어려움은 없다. 다만 본인이 얼마나 부지런히 관리 할 수 있고 새로운 영업위치를 찾아내느냐에 따라서 수입은 상당부분 up시킬 수 있다.

요즘엔 '인생사진'처럼 간단하게 친구, 연인들과 사진찍을수 있는 기계나, 인형 뽑기 등 젊은 세대들이 즐겨하고 있다.

자판기 창업은 자판기 종류가 워낙 다양해서 비용 산출이 좀 애매한데 구입하지 않아도 대여해서도 사업이 가능하므로 업체 측과 잘 조율하면 1천만 원 안쪽에서도 가능하다. 처음엔 적은 숫자로 운영하다 시간이 지나면서 늘려가는 사례가 많다.

그림 10 자판기 사업. '인생네컷'

라) 피부 관리샵

기존의 여성들의 전유물이었던 피부 관리가 라이프 스타일의 변화에 의해 전 연령층에 퍼지면서 남성 마켓팅이나 실버 마켓팅까지의 시장을 장악해 나가고 있다.
제모, 여드름, 바디, 웨딩등 범위가 넓어지면서 확산되고 있다.
또한 남성들 또한 요즘에 제모에 관심이 많아지면서 관리시스템에 투자를 많이 하는 편이다.

뷰티산업 자체가 고부가가치 산업이고 프랜차이즈사업도 활발하게 진행되고 있어 여성들에게는 선택하기 좋은 업종 중에 하나. 피부자체가 미의 기준중 하나가 됨으로써 피부 관리 전문샵의 창업 성공도는 점점 더 늘어나는 추세이다

그림 11 소자본으로 할 수 있는 피부 관리샵

프랜차이즈 기준. 평배드 8개 30평 기준으로 8천에서 1억 예상. 규모를 줄여서 상권을 잡고 개인이 운영할시 5천만 원 정도면 충분히 운영가능하다.
요즘에는 프랜차이즈보다는 개인이 운영하여 1:1 관리시스템이 많아져 고객들도 더 만족해하는 추세이다.

마) 네일아트샵

네일아트는 피부샵과 비슷하게 다양한 연령층의 여성들에게 큰 인기를 끌뿐 아니라 최근에는 남성에게도 큰 관심을 받고 있다.
네일아트샵은 다른 창업에 비하여 소규모창업이 가능하기에 소자본 창업으로도 높은 인기를 끌고 있다.
네일아트샵 전문 프랜차이즈들은 창업자들을 위하여 전문적인 상권분석 시스템, 매장관리 시스템, 교육지원등 네일샵 운영에 필요한 프로그램을 구축해 운영하고 있다.

그림 12 소자본으로 할 수 있는 네일아트샵

바) 아토피 전문샵

아토피관련 산업은 어느 쪽이나 다 창업의 돌파구가 크다. 아토피 관련 창업은 오프라인이나 온라인 다 가능하고, 아토피로 고생하는 아이들이 늘어나면서 아토피 전문한의원이나 아토피 병원도 늘어나는 추세이다.

아토피라는 병이 쉽사리 낫는 병이 아니고 오랜 기간 지속된 치료를 요구하므로 사업적인 메리트는 상당히 큰 편이다. 세심한 관리와 지속적인 관심을 요하는 대신 거기에 따른 보상이 충분히 주어지는 산업중 하나이고 출산 경험의 주부들의 경우 더욱 손쉽게 다가갈 수 있는 장점이 있다.

그림 13 소자본으로 할 수 있는 창업아이템 아토피 전문샵

온라인 창업은 기존의 쇼핑몰들과 같은 비용이라고 생각하면 된다. 몇 백만 원 선에서 쇼핑몰 창업은 준비할 수있고 온라인의 경우도 점포 가격만 잘 조정한다면 큰 비용은 들어가지 않는다. 평균소용비용 3천만원정도 든다.

사) 어린이 공부방

사교육이 절정을 이루면서 비용측면에서 부담이 되는 저소득은 가정들은 비용 면에서 훨씬 더 저렴한 공부방을 선택할 수밖에 없는 현실이다.
창업 시 비용의 부담이 가장 적으며 창업자 혼자서도 얼마든지 운영할 수 있는 여건이 되기 때문에 아이들에게 세심한 관심만 기울인다면 소규모 학원정도의 소득도 기대해 볼 수 있다.

아주 큰 소득을 기대하긴 어렵지만 아이들을 잘 가르친다는 소문난 나면 매월 안정적인 소득을 기대할 수 있고 접근성이 용이하다.

그림 14 어린이 공부방

요즘은 온라인으로도 공부방을 운영하지만 기존에 오프라인 공부방은 프랜차이즈를 활용해도 300만원선정도면 충분하다. 브랜드밸류가 조금 낮은 업체는 100만 원 선에서도 세팅이 가능하다.

아) 무점포 사업[12]

(1) 무점포 사업이란?

한마디로 점포가 없는 사업을 일러 무점포사업이라고 한다. 대표적인 무점포 사업에는 시터파견사업, 음식배달사업, 자판기사업, 애견방문 서비스업, 화장실유지관리업, 청소서비스대행업, 잉크충전방등이 있다.

(2) 무점포 사업의 특징

- 점포를 얻지않아도 되기 때문에 임대료, 권리금, 시설비가 따로 들지 않아 최소 자본으로 창업이 가능하다.
- 정보나 지식, 독특하고 창의적인 아이디어와 기술력, 용역 제공 서비스 등을 활용하여 사업을 전개해 나갈 수 있다.
- 취급품목의 전환이 쉽고 현금유동성이 활발하다.
- 고정된 점포나 별도의 사무실을 구하지 않더라도 사업화가 가능해 고객의 신뢰도를 확보할 수 있다.
- 시장의 환경변화에 따라 얼마든지 카멜레온 식의 사업전개가 용이하여 무엇보다 발 빠른 기동성으로 상황대처가 용이하다.

(3) 무점포 창업절차

(가) 시장조사 및 사업아이템 선정

아이템 타당성 분석의 4대요소(상품성, 시장성, 수익성, 안정성)에 따라 나에게 꼭 맞는 아이템을 선정해야한다.

1. 정보수집	2. 현장방문	3. 아이템 선정
- 창업 및 유망아이템에 대한정보를 수집 - 관심아이템 3-5가지 축약	- 선정한 아이템에 대한 상품성, 시장성, 수익성, 안정성 등에 대하여 심층	내게 꼭 맞는 최적 아이템 발굴

---

[12] 블로그 리빌드

| | 분석
- 실제 동종업종이나 비슷한 업종의 종사자를 직접 방문하고 인터뷰 | |

표 2 시장조사 및 사업아이템 선정

(나) 사업타당성 분석

투자비용 대비 수익률을 분석하고 사업타당성의 손익분기점을 미리 가늠하는 과정으로 이를 토대로 창업 여부를 결정할 수 있다.

창업자의 사업수행 능력, 시장성 분석, 기술성 분석, 수익성분석(경제성 분석 포함), 자금수지 및 성장성 분석, 위험요소 분석등을 토대로 결정할 수 있다.

(다) 사업계획서 작성

성공적인 창업을 위해 사업목표와 사업내용 분석을 근거로 구체적이고 객관적인 시각으로 사업계획서를 작성해야한다. 사업계획서에는 반드시 사업개요, 시장현황, 경쟁상황 분석, 마케팅 및 판매계획, 인원 및 조직계획, 재무, 자금계획, 사업추진일정계획 등이 주요 내용으로 포함이 되어야 한다.

(라) 업종 인허가 절차

창업 업종이 인·허가 또는 신고대상 업종인지, 별도 허가절차가 필요하지 않는 업종인지 사전 검토하여 해당되는 것에 인·허가 신청을 하면 된다.

1. 허가신청	2. 서류검토 및 현장실사(시설기준 적합성점검)	3. 허가여부 결정
사업장 관할 시·군·구청(민원봉사실)	사업장 관할시·군·구청	처리기간 : 신청일로부터 약 5일 소요

표 3 업종 인허가 절차

(마) 사업자등록증 발급

인·허가가 필요한 업종의 경우는 개별법에 의거, 자격요건을 가추어 해당관청에 사업인, 허가를 받은 후에 관할세무서(민원봉사실)에 사업자등록을 신청하면 된다.
인·허가를 받을 필요가 없는 업종의 경우라면 사업개시일로부터 20일 이내에 관할세무서(민원봉사실)에 사업자등록을 신청하면 된다.

(4) 무점포 창업 핵심전략

(가) 수요가 명확한 업종을 선택하라

그림 15 무점포 창업

아무리 좋은 아이템이어누 수익ㄴ넬에서 가지가 없거나 유행아이템에서 단기로 멈출 공산이 크다면 사업의 걸림돌이 되는 문제가 일으킬 수 있으니 조심해야한다.
수요가 명확하게 보이는 업종을 선택하는 것이 좋다.

(나) 기술을 이용한 무점포 창업

그림 16 무창포 창업2

마땅한 아이템이 없거나 자본금(투자비용)이 턱없이 부족한 입장이라면 청소, 컴퓨터, 외식등과 같이 소정의 기술습득을 통한 창업에 도전하는 것도 한 방법이다.

그림 17 무창포 창업3

(다) 기동성을 이용한 핵심전략

기동성을 이용하면 다양한 고객에게 접근할 수 있다. 적극적인 홍보활동을 통해 수익을 창출할 수 있다.
무점포 창업의 쓸모와 매력은 사업자를 고려하지 않아도 된다는 것이다.
지속적이 반복적이어야 하며, 홍보 마케팅을 통해 고객 창출에 정성을 다해야한다.

그림 18 무창포 창업4

(라) 신용이 무점포 사업의 생명줄

사업장 소재지가 분명치 않은 만큼 소비자들에게 믿음을 심어주기가 어렵다는 것이 무점포 사업의 약점이기도 하다.

약점을 극복하기 위해서는 고객관계관리, A/S, 현수막 등을 이용한 접근이 필요하다.
필요하다면 소비자들과 약속하고 대화할 수 있는 모바일 비즈니스를 적극 활용할 만하다.

나. 코로나19 이후 창업의 전망

신종코로나바이러스감염증(이하 코로나19) 확산은 폭발적이었다. 경제 활동하기엔 더할 나위 없을 정도로 부정적인 상황이었다. 국내 창업시장은 '새 틀 짜기'에 들어간 형국이다. 코로나가 즐거운 가게도 있지만, 문 닫는 가게도 계속 늘어나고 있다. 상권에 따라 희비가 엇갈리는 측면도 있다. 폐업점포가 늘어가는 것은 또 다른 개업점포와 연결된다. 간판을 바꾸고 업종전환을 서두르는 가게들도 눈에 띈다. 현재 아이템으로 코로나 시대를 버티는 데는 한계가 있다고 판단하는 가게들이다. 코로나 시대는 자영업 구조조정의 신호탄이라는 시각도 있다.

하지만 '새로이' 시작하는 사람들이 있었다. 인-허가 받아 가게를 열고, 창업을 했다. 코로나19 확진자 수가 말 그대로 폭증했던 2020년 2월과 3월 서울서 인허가를 받아 개업했고, 영업상태가 '영업/정상'으로 분류된 생활밀착업종 업체는 합계 1만 5336개였다. 1년 전인 2019년 2~3월엔 1만 3226개 업체가 문을 열었다. 2110개가 늘었다.

서울 생활밀착업종 69개*
개업/폐업 업체 수** (단위 : 개)

	개업	폐업
2019년 2~3월	13,226	7,375
2020년 2~3월	15,336	7,094
증감	2,110	-281
증감률	16%	-3.8%

* 업종 선정은 행안부 LOCAL DATA(191개 업종)를 1차 기준으로 했다. 서울시 (103개)와 신한카드 매출데이터(63개) 자료를 준용했다. 자세한 내용은 기사 하단 <어떻게 취재하고 분석했나 Q&A> 참조

이는 '지난해와 비교해 개업이 줄어 마이너스(-)로 집계한 업체 수까지 포함한 개업 증가 수치다. 플러스가 마이너스를 상쇄하고도 2000개 이상 증가했단 의미다. 폐업 업체 수는 줄었다. 지난해 7375개에서 올해 7094개로 281개, 3.8%가 감소했다.

개업 늘어난 업종

순위	개업 늘어난 업종	증가 업체 수	증가율
1	통신판매업	2,106개	38.2%
2	즉석판매제조가공업	171개	8.9%
3	의료기기판매(임대)업	132개	35.8%
4	방문판매업	128개	125.5%
5	비디오물제작업	70개	89.7%

그림 20 개업 늘어난 업종/ 행안부 Local data& 신한카드매출데이터

개업 줄어든 업종

순위	개업 줄어든 업종	감소 업체 수	감소율
1	휴게음식점	153개	-13.9%
2	미용업	103개	-17.1%
3	국외여행업	29개	-42.6%
4	인터넷 게임시설 제공업	28개	-46.7%
5	안전 상비의약품 판매업소	27개	-14.5%

그림 21 개업 줄어든 업종/ 행안부 Local data& 신한카드매출데이터

600만 소상공인들의 꿈도 달라지고 있다. 부자 되고 싶다고 자영업을 벌여 부자가 될 수 있는 생태계가 아니기 때문이다. 창업자가 건강하고 행복한 실속창업, 큰 부자는 아닐지라도 내가 하고 싶은 일을 하면서 지속 가능한 '소확행 창업'에 주목할 수밖에 없다.

운치 있는 골목 안쪽의 앙증맞는 작은 가게가 더 큰 뉴스거리다. 원도심의 골목상권을 찾아다니는 신세대 마니아 소비자들이 최근 늘고 있다. 80년대 스타일의 복고 아이템이 다시 부상하기도 한다. '뉴트로' 감성과 연계되어 전국에 500개가 넘게 오픈한 이마트, 롯데마트, 홈플러스 같은 대형마트와 대형 쇼핑몰 소비에 대한 반등작용으로 보이기도 한다.

그 와중 '코로나19'에 창업자들은 당황할 수밖에 없는 상황에 처했으며 결국 창업자들의 삶과 인생도 코로나 시대에 맞게 새 틀을 만들지 않으면 생존하기 힘들 수 있다는 위기경보까지 켜졌다.

1) 소확행 창업[13]

소확행 창업은 다점포 출점을 지향하는 얄팍한 프랜차이즈 가맹점과는 거리가 멀다. 소확행 창업의 첫 단추는 나만의 상호를 거는 독립창업 스타일의 작은 가게 창업이다. 투자금액 또한 지금까지는 1억원 창업이 많았던 반면, 5000만원 내외의 소자본 창업자가 늘 것으로 보인다. 점포 규모 또한 10평 내외의 소점포 창업 형태가 지배적인 콘셉트다.

결국 소확행 창업의 가장 중요한 조건은 반짝 유행하는 아이템보다는 오랫동안 지속 가능한 장수 창업 콘셉트라고 볼 수 있다. 영업일수 측면에서도 창업자의 행복지수를 위해 1주일에 하루는 꿀맛 같은 휴일을 가져야 한다. 창업자의 재충전 없는 건강지수 높이기는 불가능하기 때문이다.

소확행 아이템은 천차만별, 부지기수다. 외식업 중에서는 시사류와 따 한 잔 콘셉트에 주목할 필요가 있다. 동시에 서울 을지로 골목에서 인산인해를 이루고 있는 복고풍 주점 콘셉트는 당분간 많이 생겨날 가능성이 크다. 판매업 아이템 중에서는 온라인 매출로 연계할 수 있는 슬로푸드 아이템에 주목할 필요가 있다. 식품 제조·가공을 기반으로 한 O2O 유통 아이템이다. 아날로그 푸드인 저장발효식품, 장류 아이템, 즉석 반찬류 제조·판매 시장도 확대될 전망이다.

자영업 구조조정기를 거치고 난 후, 포스트 코로나 시대의 창업법 실체와 가치에 주목할 필요가 있다. 작은 가게라도 나만의 경쟁력이 있는 시장 노하우와 경쟁력을 갖춘 사람만이 생존할 수 있다는 얘기다. 또한 큰돈을 버는 것이 절대 목표는 아닌 시대로 치닫고 있다. 창업자인 내가 즐겁고 재밌고 의미 있는 지속 가능한 창업시장의 도래를 예측할 수 있다. 덩달아 일로서의 창업 시대, 두 번째 잡(Job)으로서의 창업시장은 활짝 열릴 것으로 보인다.

소확행 창업시장은 제대로 된 핵심기술을 배워 차근차근 준비하고 오픈하는 창업시장이기에

---

[13] 블로그 리빌드

정부에서도 소확행 창업교육장 같은 인프라 구축이 시급하다. 동시에 소확행 창업은 온·오프라인을 겸비한 컨버전스 창업시장이므로 창업자 역시 온라인 시장에서 나만의 콘텐츠를 개발하고 서비스할 수 있는 역량 갖추기에 치중해야 한다. 작은 가게일수록 디테일 경쟁력에 강해야 한다는 사실도 잊어선 안 된다. 14)

이처럼 장기불황 시대에는 매출의 다각화가 필수다. 2020년에는 배달 전문점들이 많이 생겼고 이번년도에는 메뉴 경쟁력이 있는 몇몇 브랜드를 제외한 각 브랜드가 치열한 경쟁을 할 것으로 예상된다. 이 때문에 배달 영업과 홀 판매 영업이 적절히 균형을 이뤄서 매출을 안정적으로 낼 수 있는 업종이 유리할 것으로 보인다.

앞으로 품질과 가격을 동시에 만족시키고, **피보팅**을 통해 작은 차이를 끊임없이 내놓는 업종도 성장할 것이다. 따라서 빠른 트렌드 변화에 대응할 수 있는 전략이 요구된다.

2) 피보팅[15]

서울대 '소비트렌드분석센터'에 따르면 코로나19의 시대에 개인, 기업, 정부가 반드시 실천해야 할 혁신의 방향성은 '피보팅'이다. 모호하고 불확실한 위기 상황 아래 순발력 있게 대처하는 즉각적 혁신이 필요한 순간인 것이다.

피봇(pivot)의 사전적 의미는 '물건의 중심을 잡아주는 축'이라는 뜻이다. 최근 스타트업에서는 피보팅이란 단어를 일종의 성공공식으로 사용하고 있다. 비교적 몸집이 가벼운 스타트업의 경우에는 시장과 소비자의 변화에 따라 자사가 보유한 자산을 바탕으로 신속하게 사업을 전환하는 것이 용이하기 때문이다. 글로벌 기업은 물론, 한국의 수많은 회사들이 성공적인 피보팅으로 지금의 성과를 이뤘다.

특히 코로나19로 극심한 타격을 받은 업종은 피보팅의 성공 여부에 기업 생존이 달려 있다. 예컨대 팬데믹으로 직격탄을 맞은 전 세계 항공업계가 줄줄이 최악의 실적을 내놓는 가운데, 국내 항공사는 여객선을 화물운송기로 개조하는 피보팅 전략을 선보인다. 여행객 감소로 어려움을 겪고 있는 호텔업계도 숙박을 위해 공간을 새로운 용도로 피보팅한다. 재택근무를 하는 직장인들에게 내어주는 '오피스룸으로', 각종 운동시설이 설치된 '헬스장'으로, 장난감과 아동용품이 가득한 '키즈 카페'로 객실을 피보팅하며 신규 수요를 창출한다.

피보팅을 신규 시장으로 진출하기 위한 교두보로 활용하는 경우도 있다. 호텔에서 제공되는 침구류, 타월, 가운 등을 상품화해 이를 단독으로 판매하며 홈스타일링 시장에 진출하는 시도도 눈에 띈다. 호텔 내 유명 식당에서는 도시락 사업을 확장해 근처 사무실에 직접 배달하는 서비스도 인상적이다. 한시적으로나마 내국인 대상으로 제품을 판매할 수 있게 된 면세점 업계에서는 온라인 쇼핑몰을 운영하며 노하우를 축적한다. 국내 PC방 역시 객장 내 매출이 감소하자 매장에서 판매하던 각종 음식을 배달대행업체와 제휴해 배달하는 '배달음식전문점'으로 피보팅하고 있다.

---

14) 코로나 시대, '소확행 창업'에 주목하라/ 시사저널
15) 코로나19 시대의 생존전략, '피보팅하라'

3) 클리닝, 소독방역사업[16]

코로나 19가 발생하기 전까지 큰 빛을 못 보던 방역소독업체들과 실내 환경 서비스업체들이 급부상하는 중이다. 확진자가 다녀간 영업장의 경우 일단 폐쇄한 뒤 방역을 해야 하기 때문이다. 이로 인해 민간 및 공기관 등의 수요가 급증한데다가 그동안 수요가 적었던 개인 방역 문의도 더해 평소 매출보다 40~50%가 늘었다는 후문이다. 이들 방역 및 소독 업체들이 대부분 바이러스 살균 소독 이외에 새집증후군이나 곰팡이, 해충 서비스도 함께 운영하고 있어 코로나19 사태가 진정된 이후에도 수요는 당분간 계속될 것이라 전망하고 있다.

방역소독사업을 하기 위해서는 아래 기준을 갖추어야 한다.

1. 인력: 대표자 외 소독 업무 종사자가 1명 이상

2. 시설: 사무실 및 사무실과 구획된 창고(사무실은 근린생활시설, 업무용 시설)
 - 창고시설 기준
 (1) 사람이 생활하는 장소와 명확히 구분되어야 함.
 (2) 환기 및 잠금 설비가 있어야 함.

3. 장비
 (1) 휴대용 초미립자 살충제 살포기 1대
 (2) 휴대용 연막소독기 2대
 (3) 수동식분무기 3대
 (4) 보의복 5벌
 (5) 보호안경 5개

---
16) 네이버포스트/창업&트렌드

(6) 방독면 5개

이를 다 갖춘 후 소독업 신고를 진행 하고 필요 서류들을 지참해 보건소에 제출을 진행해야 하는데 이에 필요한 서류는 다음과 같다.

[필요서류]

1. 소독업신고증

2. 일반건축물관리대장

3. 사무실과 창고 면적에 대한 평면도

4. 인력 현황 증명서[근로자 명부대장 / 대표자 +종사자]

5. 장비 보유 현황 [장비구입내역서사본 및 세금계산서와 기타 증빙자료 필요]

실내환경 개선사업의 경우 소자본으로 창업이 가능한 1인 소호 사업이라는 게 가장 큰 장점이다. 투자비도 적게는 2천만원대 많아도 4천만 원을 넘지 않는다. 또한 원재료 비는 전체 매출의 10% 이내이므로 차량 운영비나 약간의 마케팅비를 빼면 모두 남는 순수익이다.

4) 홈퍼니싱[17]

신종 코로나바이러스 감염증(코로나19) 사태로 집에서 생활하는 시간이 늘면서 집을 꾸미는

---
17) 네이버포스트/창업&트렌드

'홈퍼니싱'(Home Furnishing)에 대한 관심이 늘고 있다. 과거에는 이사하거나 집이 낡았을 때만 가구를 사고 집을 꾸몄지만 이제는 계절이 바뀌거나 생활 패턴이 변화했거나 특별한 이유가 없어도 가구를 사고 인테리어를 바꾼다. 코로나19로 인해 이제 집은 단순히 잠만 자는 주거 공간이 아니라 여가나 소비 활동이 이뤄지는 생활의 중심이 되는 공간으로 탈바꿈한 것이다.

트렌드모니터의 설문조사에 따르면 2015년 대비 2020년 '집에서 보내는 시간이 늘어났다'고 언급한 사람의 비중은 26.1% 증가했다. 코로나19 감염 확산으로 재택근무 등이 권고됐기 때문이다. 집에서 시간을 보내는 동안 '집 안에 나만의 공간을 만들고 싶다'고 언급한 사람은 무려 85.6%에 달했다.

주목할 부분은 코로나19 이후 홈퍼니싱 시장의 성장세다. 통계청에 따르면 2010년 약 10조원이던 국내 홈퍼니싱 시장 규모는 2015년 13조원대로 커졌고 2023년에는 18조원대에 달할 것으로 전망된다.

집에 머무르는 소비자의 시간이 늘면서 집 꾸미기 용품에 대한 관심이 지출로 이어졌고 홈퍼니싱 관련 소매 판매액은 올해 4월 전년 동월 대비 23.9% 증가했다. 언택트(비대면) 소비 확산으로 온라인 가구 쇼핑이 늘어나 온라인 가구 거래액은 전년 동월 대비 42.7% 확대됐다.

코로나가 장기화됨에 따라, 홈퍼니싱의 고객 수요는 계속 늘어날 것이며, 소비자의 트렌드를 따라잡기 위한 경쟁 역시 더 치열해질 전망이다.

5) 무인점포 [18]

---

18) 네이버포스트/창업&트렌드

마스크를 쓴다 하더라도 되도록 사람들과 마주치고 싶지 않다는 욕구에 많은 사람들이 비대면 구매를 선호하게 되었다. 시대흐름에 맞춰 사업이 따라가는 것은 당연지사. 편의점, 카페, 스터디카페, 심지어 정육점까지 무인가게가 등장하고 있다.

고정 인건비를 줄이며 소자본으로 창업할 수 있다는 장점도 다양한 형태의 무인 가게 등장을 부추기고 있다.

가) 패스트카페

패스트카페는 숙련된 바리스타가 내린 커피처럼, 일관된 맛과 퀄러티의 커피를 '패스트 카페 머신'이라는 고급 무인 자판기를 통해 제공하고, '패스트 셀럽 카페' 키오스크를 통해 전국 유명 스페셜티 카페의 MD 상품들을 선별하여 판매한다. 고객은 몇 번의 터치만으로 카페 수준 이상의 커피를 합리적인 가격에 만날 수 있다.

패스트카페 관계자는 "패스트카페는 무인 카페 매장 뿐 아니라, 소자본 창업을 희망하는 일부 예비창업자분들을 위한 숍인숍 등 예산에 맞는 다양한 형태로 진행이 가능하다."고 전했다.

나) 무인스터디카페

스터디카페가 비대면 창업 아이템으로 떠오르고 있다. 스터디카페의 경우 24시간 연중무휴로 운영되며 상주 직원 없이 운영이 되기 때문에 자동화 시스템 구축이 필수이며 고객안내부터 편리함까지 갖춰야하기 때문에 개인 스터디카페 창업보다 프랜차이즈 스터디카페 창업이 주를 이룬다. 카페에 들어가기 전 문 앞에 있는 키오스크에서 핸드폰 인증을 통한 회원 가입 후 결제와 함께 자리를 정하면 영수증 또는 SNS로 출입할 수 있는 QR코드를 받을 수 있다. 가끔 이용 문의 전화가 오지만 원격으로도 충분히 해결할 수 있으며 아르바이트생도 필요 없고 본인이 직접 매장을 관리해 인건비 부담도 없어 인기를 끌고 있다.

다) 스마트슈퍼

스마트슈퍼는 무인 출입 장비, 무인 계산대, 보안시스템 등을 도입해 낮에는 직원이 근무하고 심야에는 무인으로 운영되는 혼합형 무인점포로 심야 시간에 가게를 찾은 소비자가 입구에 마련된 출입 인증기에 신용·체크카드를 꽂으면 출입문이 열리고, 물건을 고른 뒤 키오스크를 이용해 결제하는 방식으로 운영된다.

라) 셀프사진관

일반적인 사진관을 운영하기 위해서는 전문적으로 사진을 찍는 기술과 사진 인화, 보정 등 다양한 기술이 필요한 반면 셀프 사진관의 경우 포토 키오스크로 촬영이 되므로 운영에 큰 어려움이 없다는 장점이 있어 창업아이템으로 인기를 끌고 있다.

또한 소자본으로 창업이 가능하다. 무인사진관의 경우 많은 공간이 필요하지 않고 유지 및 보수 비용이 낮으며 인테리어 비용도 일반 창업보다는 덜 발생하기 때문이다. 고장이나 포토 키오스크 작동에 오류가 발생했을 경우 원격제어가 가능하고 정산현황 등도 휴대폰이나 pc로 바로 확인 가능하기 때문에 운영과 관리가 편리하다.

다. 무자본창업, 린스타트업

그림 25 무자본창업, 린스타트업

그림 26 무자본창업, 린스타트업2

이 전 부터 창업 업계에서 화두가 되었던 것은 바로 **"린스타트업"**이론 입니다.
에릭리즈의 문어체의 서적과, 그의 이론을 실제로 해본 사례와 쉽게 정리한 서적도 있습니다.
(에시 모리아 - Running Lean)
영어 단어 "Lean"은 여읜, 마른 등의 의미입니다. 가볍다는 뜻에 가깝습니다.
따라서 "Lean Startup"이란, 스타트업(성장이 빠른 초기기업)을 시작하기 전,
제품에 준하는 시제품 혹은 MVP(최소기능제품)을 만든 뒤에 "직접 고객을 만나서" 그들이 진정 그것을 원하는지, 정말 원한다면 미리 선 결제 판매를
통해 안전한 창업을 하는 것입니다.

즉, "탁상공론 보단 실행"

"고객에게 내가 만들게 뭔지 보여주고, 가설을 실험하고",
"내가 세운 아이디어(가설)이 맞는지 직접 검증/학습하라"
는 내용입니다.

저자는 창업의 단계를 3단계로 나눕니다.

1) 문제/솔루션(해결책)의 적합성
2) 제품/시장 적합성
3) 규모의 확장

다시 말해서, 창업이란

고객이 느끼는 문제를 내 서비스가 잘 해결해줄 수 있는지, 내가 만든 제품/서비스가 시장에 궁합이 맞는지를 "고객을 직접 만나서, 혹은 체험시켜서"확인한 뒤,
위의 가설이 검증 됐을 경우, 규모를 확장하는 것이라 정의 할 수 있습니다.

쉽게 말해, 창업은 "가설 검증"게임입니다. 가설과 검증은 과학에서 많이 쓰이는 용어입니다. 어떤 연구이전에 "A에 B를 넣으면 C가 될 거다"라는 가설을 세운 뒤,
그것에 대한 자료의 조사 및 실험을 통해서 "역시 맞군" 혹은 "C가 아니라 D가되네" 등의 결론을 내리는 과정입니다.

따라서 저자는 "개발 - 측정 - 학습"
이라는 3단계의 학습 고리 사이클을 정의합니다. 해당 아이디어 -> 개발 -> 제품(최소기능) -> 측정(가설진위여부) -> 데이터 수집(고객의 반응) -> 학습(피드백 및 보완) -> 다시 아이디어 결국 위의 과정의 끊임없는 반복이라는 것이 저자의 주장입니다. 진리는 아니지만,
저비용 창업을 위해서는 해당 방법이 반드시 필요합니다.
"다 만들어 놓은 완성품을 파는 사람은 바보다"

결국 창업에 성공하려면, 두 가지 방법이 존재합니다.
1) 고객이 간절히 필요로 하는 것을 즉각 제공하는 것
2) 고객이 안사면 안달 나고 못 배기도록 제품을 가치화 시키는 것 입니다.
1)의 경우, 예를 들면 다음과 같습니다.
"목이 마른 지리산 등산객이 걸어가는데 물을 파는 가게가 없는 경우" 이때 등산객들의 이동을 미리 살핀 후 물을 얼려가 높은 산중턱에서 팔면 고객들이 안살리가 없겠죠?
왜냐면 "목이 마르니까요" 지만 문제가 있습니다. 그곳이 목이 좋다는 소문이 퍼지면, 나 말고 다른 사람들도 와서 얼음물 장사를 시작 할 것입니다. 이것은 경영학 용어로 "시장의 포화상태"에 해당합니다. 따라서 단순히 고객의 Needs만을 찾아내어 그것을 제공하는 것에는 한계가 있습니다.

그러면 어떻게 해야 할까요? 여기에서 바로 2)번 개념이 필요합니다. 그 상품이 나쁘지는 않지만 필요하지 않습니다. 허나 보면 "아 왠지 안사면 안 될 것 같다"라는 느낌을 주는 겁니다.

그건 벤드웨건효과(네트워크효과)가 될 수도 있으며, "그 서비스 만의 특별함"을 주면 됩니다. 즉, "왜 내가 너한테, 그 상품을 사야하지?"라는 명확한 이유를 제시하면 됩니다.
그것이 바로 **"가치"**입니다. 사람들은 카페에서 커피를 마시는 이유는 "커피가 맛있어서"가 아닙니다. "그 카페를 업무/미팅 장소를 이용하기 위해서," "카페만의 쾌적한 분위기와 친근한 분위기"를 위해 등등. 비싼 커피값에 더해지는 가치를 보고 소비자는 구매를 하는 것이죠. 문 밖으로 나가십시오. 자신이 세운 아이디어를 검증하십시오. 돈 없이 사업하십시오.
그리고 가치를 만들어 내십시오.[19]

라. 창업절차 및 주의점

1) 창업 문제 사례.

'편의점 창업'을 예로 들어보자. '편의점 창업'은 꽤 인기 있는 창업 중 하나이다. 하지만 '편의점 창업'이 다소 왜곡된 면도 있다. '목 좋은 편의점은 대박'이라는 인식 때문이다. 올림픽, 월드컵등 국가 행사 때마다 반복되는 거리응원으로 주변 편의점은 매출이 급격하게 상승하여 그런 인식이 더 강해진 듯하다.

편의점 붐이 일어날 때 본사 당사자들도 붐이라는 인식을 그다지 나쁘게 생각하지 않았다. 편의점 창업 가맹 문의가 물밀 듯이 들어와 힘들이지 않고도 가맹점 수를 늘릴 수 있었기 때문이다.

여기서 문제점이 발생한다. 편의점이 돈을 잘 번다는 인식이 시민, 언론 뿐만 아니라 건물주들도 하기에 이르렀던 것이다. 결국 잘되던 편의점들은 임대료 및 보증금도 급격하게 상승했다.

이런 문제점들은 편의점 업계에만 한정된 것은 아니다. 임대료 부담은 갈수록 커져갈 것이고, 비슷한 업종끼리의 치열한 경쟁으로 수익성은 떨어지는 자영업자들의 공통적으로 안고 있는 고민거리이다.

이처럼 문제점들을 보완해가며, 주의하며 창업 아이템을 신중하게 선택해야할 것이다.

2) 창업 시 주의점

가) 초보창업의 핵심전략

(1) 리스크가 적은 업종을 선택하라

---
[19] 무자본 창업, 린스타트업|작성자 Ted Hong

초보 예비창업자들이 미리 알아두면 좋을 프랜차이즈 창업에서 리스크가 적은 업종 아이템 선정 방법!! 창업 시 리스크가 적은 업종을 크게 3가지로 말해 볼 수 있습니다.

첫 번째, 초반부터 큰 수익은 아니더라도 꾸준히 안정적인 매출을 올릴 수 있는 업종을 선택하라

두 번째, 매장을 운영함에 있어 기술이 너무 어렵지 않고, 본사 지원을 받는 관리가 편안한 업종을 선택하라

세 번째, 권리금이 시세보다 저렴하고, 거래가 활발하여 훗날 되팔 때 자신의 투자금을 최대한 보장받을 수 있는 업종을 선택하라

 초보창업 시 유리한 조건을 고루 갖추고 있는 '뽕뜨락피자'의 시스템은 꾸준히 수입을 올릴 수 있고 안정적인 수입을 올릴 수 있게끔 운영 관리를 지원해주는 담당 슈퍼바이저가 있다.

책임 가맹점 관리제도를 통해 본사의 지원을 편하게 받을 수 있다.

(2) 상권과 아이템! 그것이 문제로다!

소자본 투자비용 대비 높은 수익성을 낼 수 있는 아이템은 어떤 것이 있을까?

다양한 재미 있는 먹거리가 있는 먹자골목, 주택과 아파트를 둘러싸고 있는 상가 등 좋은 자리에서 출발이라면 어떤 아이템도 가능할 테지만, 상권이 약간 떨어진 자리라면 걱정이다.

아이템의 수요가 높을수록 수익성 또한 높아지는 것이 당연한 이치라면 또 한편으로는 인건비나 기타소요비용을 줄여 지출을 적게 하는 것이 방법 중 하나일 것이다.

소자본 창업으로 테이크아웃 전문점이 인기 있는 것 또한 이런 이유이다.

뽕뜨락피자의 장점 중 하나가 바로 거품없는 초기 투자비용 대비 꾸준한 수익성을 올릴 수 있는 담당 슈퍼바이저 운영관리를 통한 안정적인 시스템을 갖추고 경쟁력 있다

(3) 본사교육시스템을 점검하라.

 프랜차이즈창업의 가장 큰 장점은 바로 본사 차원에서 이루어지는 관리이다.

그 중에서도 창업이 처음인 초보창업자의 경우에는 본사의 교육시스템을 점검하는 것이 가장 중요하다.

나) 올바른 업종 선택

유망업종이라도 상권과 어울리지 않으면 쇠퇴할 수밖에 없다는 사실을 예비창업자들은 명심해야 한다. 즉, 업종 선택은 상권입지 조사와 동시에 진행되어야 하는 것이다.

중·고등학교 근처에 고급음식점이 들어서는 것을 보고 성공할 것이라고 예상하는 사람은 없을 것이다. 상권의 특성에 따라 업종을 선택하고 점포의 입지조건에 따라 세부업종을 정하는 것이 성공할 수 있는 지름길이다.
 도심권 상권은 인근 사무실의 직장인뿐만 아니라 기타 지역에서 유입되는 인구가 많다. 유동인구가 풍부하고 연령층도 다양해 거의 모든 업종이 호황을 누릴 가능성이 높다. 예비창업자들은 투자대비 수익률을 꼼꼼히 따져본 뒤 업종을 결정하는 것이 바람직하다.
역세권도 도심권과 마찬가지로 대부분의 업종이 잘 될 가능성이 높다. 그러나 역세권마다 유동인구의 연령층과 성별 등에 차이가 있기 때문에 도심권에 비해 세심한 주의가 필요하다. 역세권의 업종동향을 파악해 보면 다음과 같은 특징이 드러난다.

첫째, 음식점이나 주류취급점이 호황인 상권에서는 오락서비스업이 동반호황을 누리는 경우가 많다.

둘째, 의류, 잡화 등 판매업종이 호황인 상권에서는 미용실 등 여성관련 서비스업이 동반호황을 누리고 한식업종은 불황을 겪을 가능성이 높다.

셋째, 음식업종, 판매업종, 서비스업종 분포가 고른 상권은 다양한 연령층이 모여든다.

넷째, 신도시상권의 음식 관련업은 대부분 부진을 면치 못할 가능성이 높다. 결론적으로 역세권상권은 호황과 불황업종이 뚜렷하게 구분되는 특징이 있다.대학가 상권은 객단가를 낮추어 저가 전략을 펼칠 수 있는 업종이 유리하다. 분식점이나 호프집 등이 안정적인 수익을 기대할 수 있는 업종이다.

아파트단지는 공통적으로 주부를 상대로 하는 음식점과 식료품점, 세탁소 등 생활밀착형 업종이 호황을 누릴 가능성이 높다.유아용품점과 놀이방 등은 소형가구가 다수를 차지하는 아파트 상권에 적당하며 학원과 문구점, 미용실 등은 중형아파트 단지에서 호황을 기대할 수 있다.

그러나 대형가구가 많은 아파트 단지의 경우 생활밀착형 외에 뚜렷한 유망업종이 없는 경우가 많다.
상권과 입지 외에 업종 선택시 예비창업자가 고려해야 하는 것은 자신이 확보하고 있는 자금 규모이다.예비창업자들은 보유자금에 맞추어 업종을 선택하자니 마음에 들지 않고 좋은 입지나 A급 상권에 진입하기에는 자금이 턱없이 부족할 경우를 흔히 겪는다.

 이리저리 망설이다가 창업 시기를 놓치거나 대충 적당한 곳에서 사업을 시작하였다가 실패한 경우도 많다.
 결론적으로 예비창업자들은 욕심 부리지 말고 자신이 가진 자금 규모 내에서 최상의 입지와 업종을 선택하는 것이 바람직하다.
일반적으로 판매업은 해당상권의 B급지 이상에서, 음식업은 주택가 C급지 이상에서 성공할 가능성이 높다.[20]

---

[20] 블로그 https://cafe.naver.com/changuplist/1340

04
창업시장분석

4. 창업시장 분석

가. 기본 분석

스타트업(startup)이라고도 불리는 창업은 아이템에 따라 인생 역전할 수 있는 확률이 높기 때문에 여기에 관심을 가지고 창업을 하고자 하는 이들이 점점 늘고 있다. 게다가 국내외 프랜차이즈가 활성화 되면서 진입장벽이 낮아져 소자본으로도 쉽게 시작할 수 있기 때문에 현재 자영업자 600만 시대가 도래했다고도 한다. 그래서 유동인구가 많은 지역에서 상호명이 같은 가게를 자주 보는 것이 낯설지 않다.

사실 창업이라고 하면 은퇴 후 노후를 대비하기 위한 설계라고 생각했었는데, 최근 6년간 베이비붐 세대인 중·장년층의 창업뿐만 아니라 청년창업의 신설법인 수 또한 청년 실업률에 비례하여 꾸준히 증가하고 있는 추세이다.

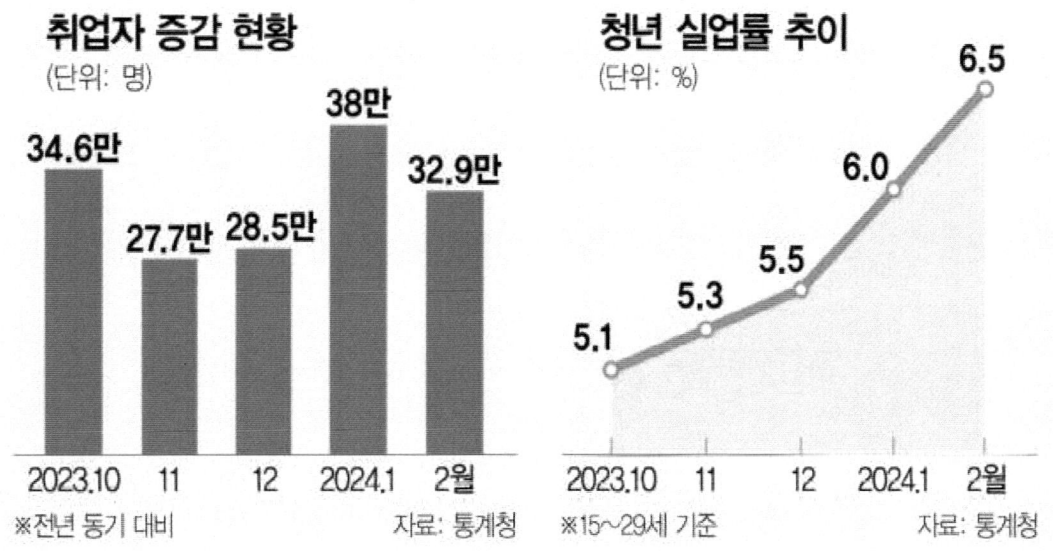

그림 27 높아지는 청년 실업률

도표를 보면 꾸준히 높아지는 실업률과 떨어진 청년층 고용률에 많은 청년들이 좌절하고 있다.

점점 더 높아지는 취업문턱과 고용불안정에 대한 불안감으로 많은 청년들이 창업시장에 뛰어들고 있다. 정부도 나서 청년창업을 지원해 창업시장의 문턱이 낮아졌기 때문이다.

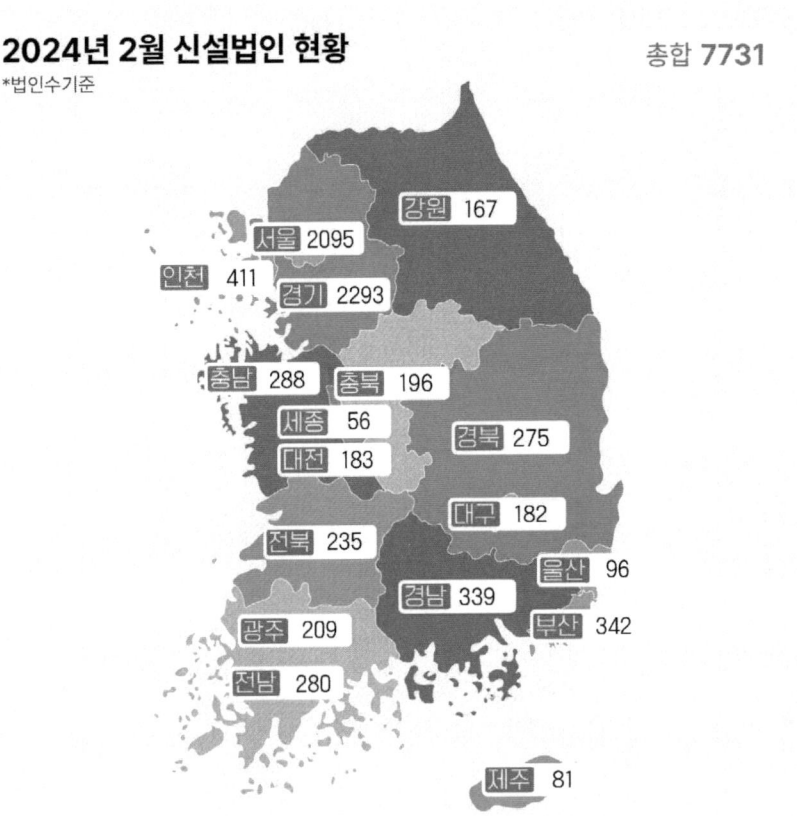

그림 28 2024년 2월 신설법인 현황

		2019	2020	2021	2022	2023
창업기업	전체기업	1,285,259	1,484,667	1,417,973	1,317,479	1,238,617
	법인기업	109,520	123,305	126,905	113,889	98,294
	개인기업	1,175,739	1,361,362	1,291,068	1,203,590	1,140,323
기술기반업종 창업기업	전체기업	220,607	228,949	239,620	229,416	221,436
	법인기업	41,010	45,236	46,837	44,797	40,903
	개인기업	179,597	183,713	192,783	184,619	180,533

표 4 창업기업 동향

2020년에는 코로나 바이러스 감염증의 침체된 경기로 인한 우려와는 달리 신규 설립된 법인의 수는 10년 중에서도 가장 많이 설립된 것으로 발표되었다. 이는 정부의 중소기업 육성 정책과 각종 규제나 법률의 완화에 따라 오히려 창업을 하거나 퇴사나 은퇴 후 회사 설립을 하는 사람들이 증가했기 때문이다. 게다가 코로나19의 영향으로 비대면 비즈니스 온라인 시장 등에서 새로운 기회를 창출할 수 있겠다는 기대감이 복합적으로 작용한 것으로 보인다.

2023년 연간 창업기업 수는 온라인·비대면 관련 업종의 증가세 지속과 거리두기 해제 등으로 대면 업종 중심으로 증가했으나, 글로벌 경기둔화와 3고(高)(고금리·고환율·고물가) 등은 창업에 부정적으로 작용하여 전년대비 6.0%(78,862개) 감소한123만 8,617개로 집계로 되었다. 가장 큰 폭으로 감소한 분야는 부동산업인데 이를 제외시 2022년과 유사한 수준이다. 숙박·음식

점업, 전기·가스·공기, 개인서비스 등에서 증가했으며 부동산업, 도소매업, 건설업 등에서 감소했다.[21]

업종별·연령별 창업기업수 (합계)

	2020년 7월			2020년 8월			2020년 9월		
	전체	법인	개인	전체	법인	개인	전체	법인	개인
소계	131,541	11,366	120,175	105,904	9,037	96,867	105,683	9,687	95,996
30세미만	16,939	898	16,041	14,800	703	14,097	15,070	831	14,239
30세~39세	29,490	2,309	27,181	24,629	1,956	22,673	24,697	2,212	22,485
40세~49세	35,196	3,739	31,457	27,909	2,878	25,031	27,805	3,050	24,755
50세~59세	31,335	2,952	28,383	24,704	2,355	22,349	23,944	2,407	21,537
60세이상	18,449	1,405	17,044	13,765	1,104	12,661	14,046	1,128	12,918
기타	132	63	69	97	41	56	121	59	62

그림 29 업종 및 연령별 창업기업수

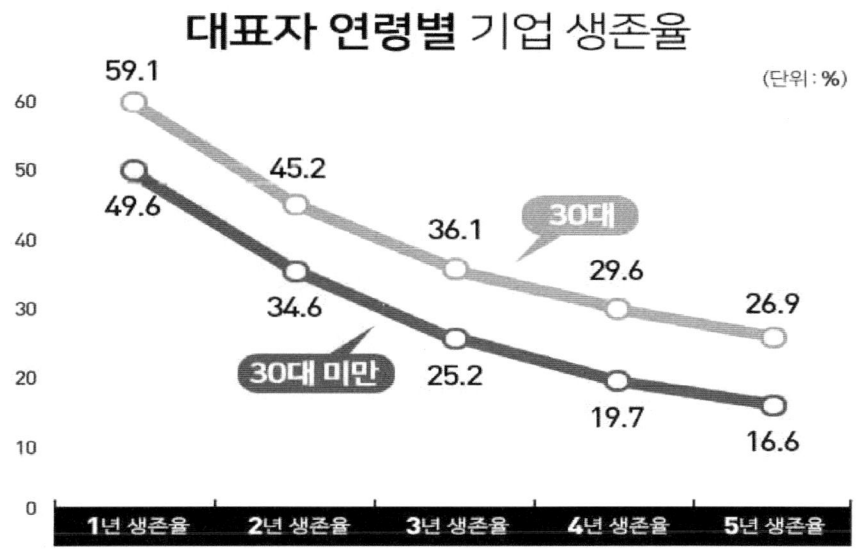

그림 30 대표자 연령별 기업 생존율

통계청 자료에 따르면 청년들이 창업해 성공할 확률은 높은 나이대에 비해 떨어지는 게 현실

---

21) 창업기업동향, e-나라지표

이다. 창업한 지 5년도 채 되지 않아 폐업하는 경우가 다른 연령군보다 높다. 2020년 기준 30대 미만 대표자가 있는 기업의 5년 생존율은 23.2%에 그쳤다. 30대 대표자가 있는 기업의 5년 생존율도 32.1%에 머물렀다. 창업해서 5년 안에 실패할 확률이 절반을 넘어서 2/3 이상이라는 뜻이다.

좌절이 팽배하는 시대임에도 불구하고 열정과 희망으로 도전하는 청년 창업가들이 있기에 대한민국의 미래가 존재한다. 힘들고 어렵지만 헤쳐나가는 청년들이 있기에 대한민국의 미래가 밝다.

나. 창업이슈 분석

1) 소액창업의 장점과 단점

대부분의 예비창업자들이 창업을 준비할 때 가장 걱정하는 것은 창업비용일 것이다. 얼마나 투자를 해야 하는 지에 대해서는 사실 정해진 바가 없다. 하지만 경기 불황이 계속되면서 나타나는 창업추세는 적은 투자금으로 손실을 최소화 하는 데 초점을 맞추고 있다. 소액창업이 각광받는 시대가 온 것이다.

그렇다면 소액창업의 기준은 어떻게 될까? 보통 점포창업의 경우 대략 5천만 원 ~ 1억 정도 비용으로 창업하는 것을 소액창업이라고 부른다. 무점포 창업의 경우 비용이 더 낮아질 수 있으나 점포창업의 경우 기본적으로 드는 비용을 무시하기 어렵기 때문이다.

그림 31 소액창업의 장점과 단점

소액창업은 다른 창업에 비해 상대적으로 저렴한 창업비용이 들고, 가게가 작은 편에 속해 종업원을 고용할 필요가 없어 인건비 절감 등으로 고정적으로 나가는 비용지출이 적으며, 직원의존도와 권리금이 작아 운영만 잘한다면 투자에 비해 고수익을 창출할 수 있다는 장점을 가지고 있다.

하지만 적은 비용으로 창업을 하는 것이기 때문에 좋은 점만을 가지고 있는 것은 아니다. 소액창업의 특성상 대부분 상권이 좋지 않은 곳에 있어 접근이 불편하고, 협소한 매장을 가지고 있다는 단점이 있다. 특히 기대매출 자체가 굉장히 낮게 측정될 수밖에 없다. 일반적으로 창업의 기대수익률 2%정도로 측정이 되는데 소액창업의 경우는 4-5%로 제시한다. 한눈으로 보기에는 꽤 높은 수준으로 보이지만 창업자의 인건비가 포함이 되어 있을 뿐 아니라, 투자대비에 따른 %이기 때문에 적은 투자를 한 소액창업은 적은 매출을 가질 수밖에 없다.

2) 소액창업의 단점 보완법

가) 초기 투자비용을 최대한 낮춰야 한다

무리한 투자로 단기간에 승부를 내겠다는 생각을 한다면 성공할 수 없다. 이제는 창업으로 대박을 노리는 시기가 아닌, 작게 시작해서 적은 수익을 안정적으로 올리면서 실패하지 않는 창업을 하는 시기이다. 점포 투자에 조금이라도 돈을 덜 쓰는 것이 투자금 회수 등에 유리하다.

나) 상권분석을 철저히 해야 한다

규모와 상권의 열세를 극복하려면 상권분석이 최우선이다. 상권에 따라 내 주고객층이 달라지기 때문에 주고객층에 맞는 서비스와 품질로 승부를 봐야 한다. 운영시간을 조절, 배달서비스, 테이크 아웃 등 내 고객층에 어울리는 서비스로 승부를 봐야 한다. 고객 편의 서비스는 매출로 이어진다.

다) 가게 외관에 크게 신경을 써야한다.

대부분의 소액창업점포들은 작은 규모로 시작하고, 보통 길거리를 지나가는 유동인구를 대상으로 하기 때문에, 단 몇초안에 사람의 시선을 확 사로잡을 수 있는 가게 외관 인테리어를 하는 것이 굉장히 중요하다. 아무리 좋은 상품이라도 사람들 눈에 띄지 않는다면 아무도 찾지 않는다.

다. 소비성향에 따라 업종별 사업자 수의 변화 [22]

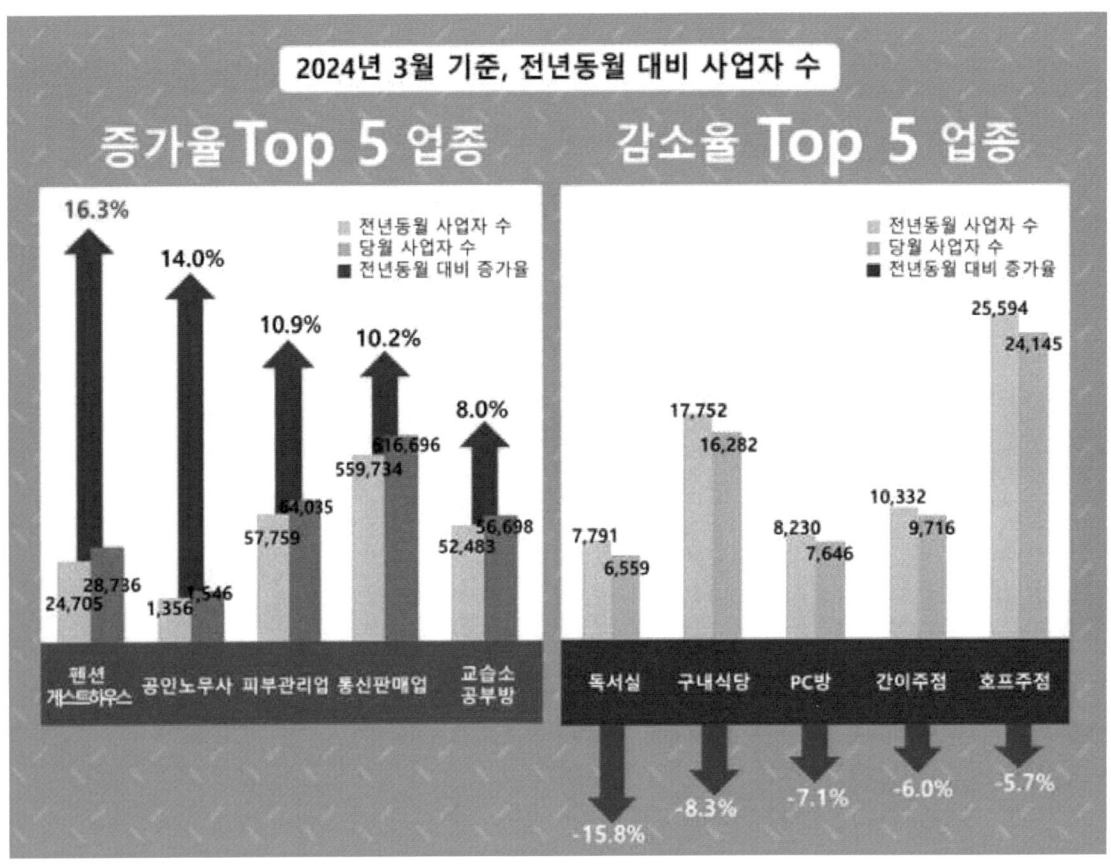

그림 32 생활밀접업종 증감률

국세청이 발표한 2024년 3월 기준 '100대 생활업종 사업자 현황'을 보면, 100대 생활업종 사업자는 총 304만2399명으로 전년동월대비 3.0% 증가했다. 업종별 증가율은 펜션·게스트하우스(16.3%)가 지난해 6월 통신판매업을 제친 이래 10개월 연속 가장 높은 업종별 증가율을 보였다.

사업자수 증가율 상위 5개 업종은 펜션·게스트하우스(16.3%), 공인노무사(14.0%), 피부관리업(10.9%), 통신판매업(10.2%), 교습소·공부방(8.0%) 등이다. 사업자수 감소율이 높은 5개 업종은 독서실(-15.8%), 구내식당(-8.3%), PC방(-7.1%), 간이주점(-6.0%), 호프주점(-5.7%) 등이었다.[23]

---

22) 통계청 자료 참조
23) 2024년 3월 가장 많이 늘어난 100대 생활업종은?, 한국경영자신문, 2024.06.08

라. 사업자의 연령분포

생활밀접업종 사업자의 연령대를 보면, 30대가 16.8만 명(29.1%), 40대 14.6만 명(25.2%)로 1,2위, 그 다음으로 50대 10.5만 명(18.2%), 30세 미만 10.2만 명(17.6%), 60세 이상 5.7만 명(9.9%) 순으로 많았다.

구분	30세 미만	30세 이상	40세 이상	50세 이상	60세 이상
사업자 수	10.2	16.8	14.6	10.5	5.7
비 중	17.6 %	29.1 %	25.2 %	18.2 %	9.9 %

표 5 사업자의 연령분포 (단위 : 만 명)

업종별로는 모든 연령대에서 통신판매업과 한식음식점이 강세를 보였고, 그 다음으로는 30세 미만·30대·40대는 커피음료점, 50대·60대 이상에서는 부동산중개업이 많은 것으로 나타났다.

업종별로 볼 때 여성들은 화장품가게, 꽃가게, 노래방, 일반주점, 미용실등을 많이 운영하고 있으며, 남성들은 안경점, 휴대폰 판매점, 자동차 수리점, 이발소 등은 남성이 많은 것으로 나타나고 있다.

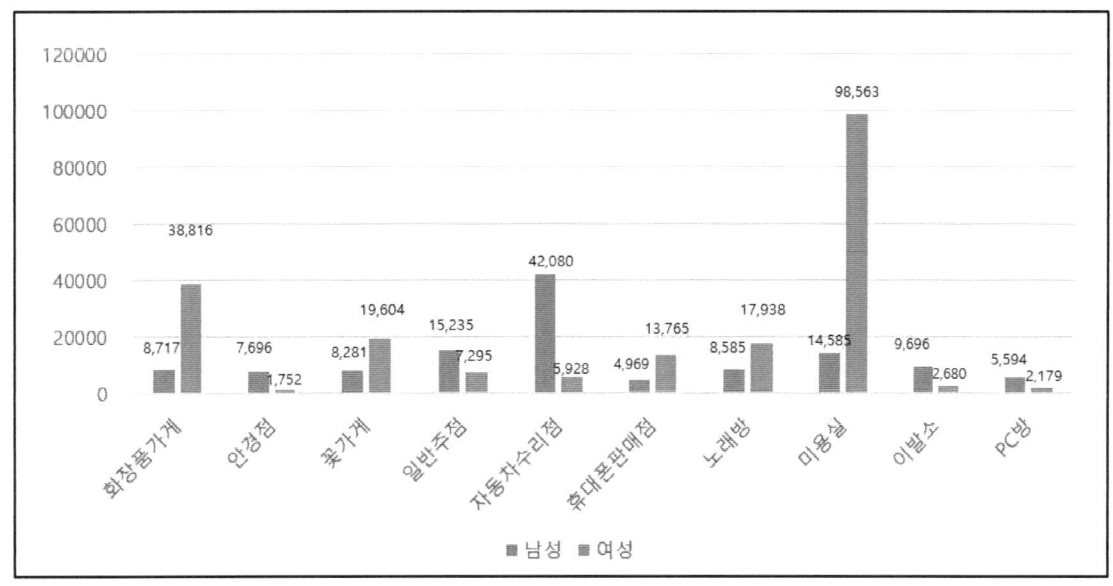

그림 33 30개 업종 사업자의 성별 현황

1) 청년 창업 희망 업종 1위는 숙박음식업

MZ세대(1984년생~2003년생) 미취업 청년 10명 중 7명 이상이 창업을 준비 중이거나 창업할 의향이 있는 것으로 조사됐다. 주로 숙박음식·도소매 같은 생계형 업종에서 '자유롭게 일하기 위해' 창업을 희망했다.

한국경영자총협회(경총)가 MZ세대 미취업 청년 500명을 대상으로 실시한 'MZ세대 미취업 청년의 창업 인식 조사'에 따르면 응답자 72.8%는 창업을 준비 중이거나 창업할 의향이 있는 것으로 나타났다.

'현재는 아니지만, 미래에 창업할 의향이 있다'는 응답은 56.8%, '현재 창업을 준비 중이다'라는 응답은 16%로 나타났고, '창업할 의향이 없다'는 응답은 27.2%로 집계됐다.

청년창업 희망자에게 창업 희망 분야를 조사한 결과, '숙박음식업'이라는 응답이 31%로 가장 많았고 '도소매업'(17.9%), 'IT·정보통신업'(14.6%), '예술·문화서비스업'(9.9%), '전문과학 및 기술서비스업' (7.7%) 순으로 높게 나타났다.

준비한 창업자금에 대해선 응답자의 35.8%가 '5000만원~1억원 미만'이라고 답했고, 그 외 응답은 '1억~2억원 미만'(30.4%), '2억원 이상' (17.6%), '5천만원 미만' (16.2%) 순이었다. 창업 준비 기간은 응답자의 66.4%가 '1년~3년 이내'라고 답했고, 그 외 응답은 '3년~5년 이내'(13.2%), '1년 미만'(12.8%) 순으로 나타났다.

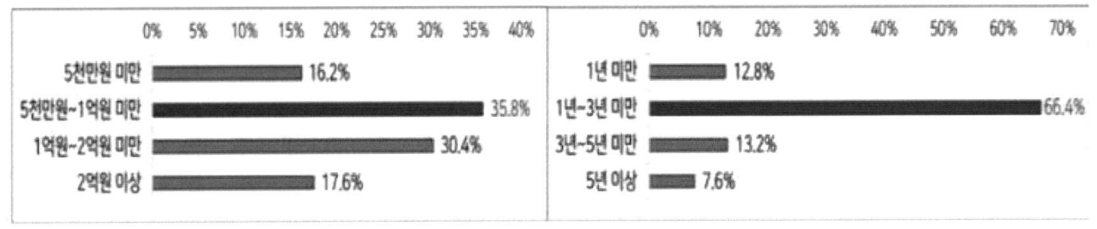

청년창업 활성화를 위해선 응답자 중 51.6%(복수응답)가 '창업자금 지원 확대'를 꼽았다. 그 뒤로는 '창업 인프라 확충'(42.4%), '체계적 창업교육시스템 구축' (30.2%), '창업절차 간소화 및 진입규제 완화'(22.2%) 순이었다.

〈 청년창업 활성화를 위한 과제 〉

구분	창업자금지원확대	창업인프라(장비·공간)확충	체계적창업교육시스템구축	창업절차간소화/진입규제완화	사업화컨설팅강화	창업재도전환경조성	인적네트워크형성지원	기타
응답률	51.6%	42.4%	30.2%	22.2%	18.8%	10.0%	8.4%	0.4%

주 복수응답, 각 항목의 비중의 합이 100을 초과

창업 동기를 물은 결과(복수응답), '보다 자유롭게 일하기 위해'라는 응답이 50.5%로 가장 많았고 '더 많은 경제적 수입을 위해'(46.2%), '정년없이 오래 일하기 위해'(36.3%) 순으로 집계

됐다.[24]

2) 청년 창업 자금조달[25]

스타트업얼라이언스가 조사한 '2023 스타트업 투자 유치 결산 리포트'에 따르면, 지난해 스타트업 총 투자 건수는 1284건, 총 투자금은 5조 3388억원이었다. 2022년 투자 실적과 비교하면 투자 건수는 1765건에서 1284건(-27.25%)으로 감소했다. 총 투자 금액은 2022년 약 11조 1404억원에서 5조 3388억원(-52.08%)으로 절반가량 감소했다.

2023년 이후 투자환경이 위축되면서 여러 스타트업이 어려운 시기를 겪고 있다. 대한상공회의소가 스타트업 259곳을 설문조사 한 결과 10곳 중 4곳이 투자유치와 자금 조달에 애를 먹고 있는 것으로 나타났다. 특히 2022년 이후 코로나19가 끝나고 인플레이션에 따른 급격한 금리인상, 경기침체에 대한 우려가 겹치면서 스타트업 투자 생태계가 빠르게 얼어붙었다.

스타트업의 자금 조달 문제가 심각함을 드러내는 가운데, 투자 시장의 둔화로 인해 이들 기업이 직면한 재정적 어려움이 지속되고 있다. 이에 따라 금융권 및 정책 자금 전문 기관들은 대출 이자 및 수수료 인하, 납입 및 상환 유예 등 다양한 자금 융통 기회를 마련하여 시장 회복기를 스타트업이 원활히 극복할 수 있도록 협력하고 있다.
스타트업레시피가 공개한 '스타트업레시피 투자리포트 2023'에 따르면 KB인베스트먼트, 한국투자파트너스 등이 활발했고 KDB산업은행, IBK기업은행은 시리즈B 후기 단계 투자에 다수 참여해 성장 스타트업에 힘을 실었다. 기술보증기금, 신용보증기금은 초기 성장을 견인하고 금융권에선 한국투자금융, 하나금융그룹, 신한금융그룹 등이 활발한 움직임을 보였다.

은행권청년창업재단 '디캠프'에서는 '스타트업 금융·공공조달 상담 서비스'를 제공하고 있다. 올해 4월에 진행된 상담에서는 신용보증기금과 기술보증기금, 중소벤처기업진흥공단, 하나은행, 기업은행, 조달청 등 금융·공공조달 기관이 참여, 스타트업 상담이 이어졌다 스타트업이 대출이나 지원금을 받기 위해서는 거쳐야 하는 과정과 서류 준비 등 상당한 시간이 필요한데 이 프로그램을 통해서 이러한 문제를 해결할 수 있다. 디캠프는 이 프로그램을 정례화해서 많이 스타트업이 도움을 받을 수 있는 행사로 만들어 나간다는 계획이다.

창업기업이 자금을 확보하는 현실적인 방법을 살펴보자.

가) 정부지원금
정부에서는 다양한 제도와 정책을 통해 투자 자금을 지원하고 있다. 우선 기간별로 따져보면 1년 내 사업자 등록을 한 '예비창업자'부터 시작해서 업력 3년 이내의 '초기기업', 업력 3~7년의 '성장기업'까지 지원한다. 종류별로는 가령, 대표자 연령이 만 39세 이하에 창업 3년 미만의 중소기업이라면 '청년 창업 자금'을 융자할 수 있다. 융자 금리는 연 2%에 불과하기 때문에 상당히 부담이 덜한 자금이라고 할 수 있다.
혹은, 창업하려는 회사에 특별한 기술력이나 신용을 보증할 수 있는 수단이 있다면 이를 담보

---
24) "MZ세대 미취업 청년 10명 중 7명은 창업 의향 있어", 데일리창업뉴스, 2022.09.14
25) 스타트업 맞춤 찾아가는 '금융-공공조달 상담소', Platum, 2024.04.12

로 창업 자금을 융자할 수 있다. 이는 '기술보증기금'과 '신용보증기금' 제도로, 회사가 보유한 기술력을 인증받아 금융기관에서 자금을 지원받는 제도이다.

이외에도 정부지원금에는 수많은 유형있다. 정부 지원 사업은 대부분 연초(1~2월)에 모집을 시작한다. 이 시기를 알고 공고가 뜨면 바로 신청할 수 있도록 미리 준비해 두는 것이 좋다.

사업 주기별 정부 지원 사업

주기별	대표적인 정부 지원 사업
예비 창업자	예비창업패키지
	신사업 창업사관학교
	생애최초 청년창업지원사업
	창업중심대학 - 예비 창업자
초기 창업자 (3년 이내)	초기창업패키지
	창업성공패키지 - 청년창업사관학교
	창업중심대학 - 초기 창업기업
중기 창업자 (3년~7년)	창업도약패키지
	창업중심대학 - 도약기 창업기업
	창업성공패키지 - 글로벌창업사관학교
재창업자	재도전성공패키지

　　　　나) 벤처캐피탈
금융기관은 창업자의 신용도나 담보를 조건으로 대출해 준다. 대출 한도 또한 제한이다. 따라서 창업자의 신용도가 높지 않거나 담보로 할 만한 물건이 없다면, 투자 자금을 확보하는 게 쉽지 않다.
반면 벤처캐피탈은 금융기관과 다르게 창업기업의 시장성과 성장 가능성을 토대로 투자한다. 담보도 잡지 않으며, 오직 '가능성'만 보고 투자한다. 따라서 시장성이나 성장 가능성은 분명 훌륭한데, 금융기관에서 필요한 투자 자금을 확보하지 못했다면, 벤처캐피탈을 이용하는 것도 좋은 방법이다.

단, 벤처캐피탈은 '대출'의 개념이 아니다. 주식, 전환사채 등을 인수하는 것이므로 악의적인 벤처캐피탈을 만날 경우 회사의 근간이 흔들릴 수도 있으니 주의해야한다. 또, 투자자를 설득하는 과정이 꽤나 길고 지루하며 어려우므로, 벤처캐피탈을 이용할 때는 신중해야 한다.

다) 크라우드 펀딩

텀블벅, 와디즈 등으로 유명해진 크라우드 펀딩. 크라우드 펀딩은 플랫폼을 통해 소규모 후원이나 투자를 받는 것을 말한다. 창업기업을 유지하는 데는 조금 부족할 수 있으나, 창업을 해서 초기 아이템을 만드는 데는 효과적이다.

특히, 크라우드 펀딩은 투자 자금 모집 외에 마케팅 효과가 있다는 장점이 있다. 크라우드 펀딩을 통해 제품을 구입하고 이에 만족한 구매자들은 시장에 해당 제품이 나왔을 때 재구매로 이어질 가능성이 높기 때문이다.

라) 부채 및 자기자본

부채는 은행에서 대출하는 것을 말한다. 어쩌면 가장 쉽고, 빠르고, 간편한 방법이라고 할 수 있다. 다만, 아시다시피 은행의 대출 금리는 꽤 높은 편이다. 또, 사람에 따라 대출 자체가 되지 않을 수도 있다.
부채비율이 높으면 사업을 정상적으로 경영하기가 쉽지 않기 때문에 창업기업이라고 해도 부채비율은 200% 이하를 유지하는게 좋다.
만약 창업기업이되 이미 제품을 판매하고 있는 등 시장에서 안정적인 포지션을 구축하고 있다면, 자기자본을 이용할 수도 있다.
쉽게 말해 주식을 발행하는 것이다. 주주총회 및 배당을 해야 한다는 점에서 신경 쓸 게 좀 많지만, 가장 안전하면서 쉬운 자금조달 방법이라 할 수 있다.

마) 개인 자본

만약 위의 4가지 방법을 모두 사용할 수 없다면 개인 자본을 이용할 수도 있다. 즉, 자기가 소유한 재산으로 창업 자금을 조달하거나 가족이나 친구 등에게 빌려서 주달하는 방법이다. 이자를 부담할 필요도, 원리금 상환에 대한 시간적 압박도 적기 때문에 어찌 보면 가장 훌륭한 방법이라고 할 수 있지만, 조심해야 한다.

마. 골목창업

신규 창업자들이 골목 창업아이템으로 경쟁력이 있고 신선하고 재밌는 아이템을 선택하여 소규모 개인 창업들이 많이 늘어나고 있다.
메인 도로는 프랜차이즈 브랜드들이 즐비하고, 비싼 임대료와 권리금을 소자본 창업자들과 소상공인들, 청년 창업자들이 감당하기는 어렵기 때문이다.
또한 기성세대보다 어린 세대로 갈수록 골목상권에 관심을 갖고 그 문화를 즐기는 이유는 최근 유행하는 레트로 감성을 제대로 느낄 수 있는 곳이기 때문이다.
따라서 청년들은 골목창업에 관심을 가지게 된다.

살아나는 서울 골목상권

*서울시 로컬브랜드 육성 상권으로 지정된 7곳
(2023년 1~8월 매출)

- 1위 양재천길 583억원
- 2위 선유로운 453억원
- 3위 합마르뜨 347억원
- 4위 오류버들 201억원
- 5위 장충단길 145억원
- 6위 경춘선숲길 98억원
- 7위 용마루길 90억원

서울시에서는 골목상권을 활성화하기 위해 '로컬 브랜드 상권 육성 사업'을 진행하고 있다. 로컬 브랜드 상권 육성 사업은 잠재력 있는 골목상권을 지역 문화와 연계하여 특색 있는 상권으로 브랜딩하는 사업이다. 현재는 주목받고 있는 7개의 골목상권을 선정해, 3년간 상권당 최대 30억까지 지원해 상권을 활성화시키고 있다. 실제로 해당 사업을 실시한 이후 해당 상권들의 외식업 매출이 1,063억 원 규모를 기록하며, 전년도 동기간 대비 약 14.1% 증가했을 만큼 눈에 띄는 성장세를 보였다.

대출 전문 빅데이터 핀테크 기업 핀다의 서울 골목상권 7곳(경춘선숲길, 선유로운, 양재천길, 오류버들, 용마루길, 장충단길, 합마르뜨)의 매출을 분석한 결과를 보면 이들 상권의 올해(2023년 1~8월) 총 매출은 전년 동기(2022년 1~8월) 대비 약 3.4% 증가한 약 1,917억원으로 나타났다. 외식업 매출만 놓고 보면 전년 동기 대비 약 14.1% 증가한 1,063억원 규모를 기록했다.

7개 골목상권 중 가장 규모가 큰 곳은 리브랜딩을 통해 지역 대표 상권으로 자리잡은 양재천길(583억원)이었다. 문화와 생태가 공존해 살아나고 있는 선유로운(453억원) 상권과 합정역 7번 출구 일대의 합마르뜨(347억원) 상권이 그 뒤를 이었다. 증가세만 놓고 보면 전년 동기 대비 총 매출이 약 30% 증가한 장충단길 상권이 제일 두드러졌다. 합마르뜨(9.2%)와 오류버들(6.6%) 상권 등도 소폭 증가한 모습을 보였다.

최근 서울시는 혁신적 아이디어로 골목상권 활성화에 앞장설 청년 창업가를 찾아내 전문가 컨설팅부터 자금 지원까지 집중적인 육성에 나섰다. 오디션 방식의 '청년 골목창업 1차 경진대회'를 열어 청년 창업가 40개 팀을 선발했다. 청년 골목창업 경진대회는 혁신적인 아이디어를 갖춘 청년 창업가를 발굴하는 사업으로 청년·소상공인·생활 밀접 업종에 특화된 실전형 창업 지원을 제공한다.

롯데웰푸드는 전국 각지 골목상권 맛집을 발굴하고 지원하는 상생협력을 진행한다. 롯데웰푸드는 동반위에 상생 기금을 출연하고, 동반위와 함께 지역 소상공인의 델리 메뉴를 제품화해 출시하는 상생 프로젝트를 추진한다.

이번 상생 프로젝트의 이름은 '어썸바잇트' 캠페인이다. 전국 각지 샌드위치 맛집을 홍보하고 해당 지역의 골목상권 활성화를 도모하는 것이 골자다. 더불어 선정 맛집의 대표 메뉴는 제품 출시까지 추진해 소비자들의 관심을 높이고 상생 의미를 더한다.

1) 2020년 이후 골목상권[26]

코로나 팬데믹에서 위드 코로나 시대로 접어들었지만 우리나라를 비롯해 전세계 경제는 암울하다. 방역 규제 완화·해제에도 골목상권의 경기가 살아날 기미를 보이지 않고 있다. 골목상권의 매출이 상반기에 감소했을 뿐 아니라 하반기에도 회복이 더딜 것으로 전망됐다.

전국경제인연합회가 시장조사 전문기관인 모노리서치에 의뢰해 음식점업, 숙박업, 도·소매업 등 자영업자 500명을 대상으로 실시한 '자영업자 2023년 상반기 실적 및 하반기 전망 설문조사' 결과, 사영업사의 상낭수는 하반기에도 경기가 어려울 것으로 내다봤다.

조사 대상 업종은 음식점업, 숙박업, 도·소매업, 교육서비스업, 운수·창고업, 예술·스포츠·여가 서비스업, 기타서비스업이다.

---

[26] 2023년 골목상권의 생존을 위해 대응해야 할 소상공인 생존 키워드 4가지, 열린창업신문

조사결과에 따르면 자영업자의 63.4%는 올해 상반기 매출이 전년동기대비 감소했다고 답했다. 순익이 감소했다는 응답도 63.8%로 였다.

자영업자들은 올 상반기 매출이 전년대비 평균 9.8%, 순익이 평균 9.9% 각각 감소한 것으로 조사됐다.

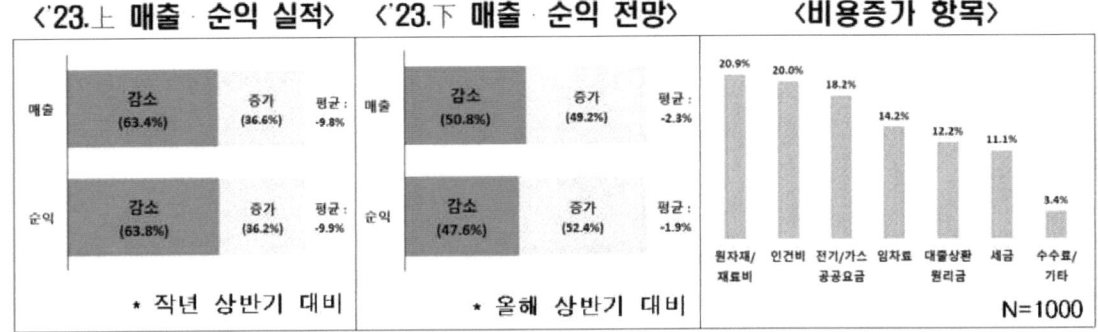

2023년은 높은 인플레이션과 소비위축으로 소비자들의 지갑을 열기가 쉽지 않을 전망이다. 여기에 대출 이자 상승, 고인건비와 구인난까지 더해져 소상공인들의 어려움은 더욱 가중될 것으로 보인다. 이럴 때일수록 불황에 적응하면서 수익을 창출하는 전략이 필요하다.

▲ 인플레이션, 경기침체 대응 전략
인플레이션은 비용상승으로 기업의 운영에만 부담을 주는 건 아니다. 현금을 뺏아가는 것과 비슷한 효과를 유발하므로 소비자들의 지갑을 열기도 힘들어진다.

불황에는 저가 제품이 인기를 끄는 게 일반적이지만 요즘처럼 원재료비, 인건비 등 모든 비용이 오르는 상황에서 섣부른 저가 전략은 자살골이 될 수도 있다. 대신 합리적 가성비와 가심비로 고객의 만족도를 높이는 게 중요하다. 합리적인 가격전략을 위해서는 제품 사이즈 및 양을 조정하거나 제품 원료를 변경하는 것도 고려해볼 수 있다.

특별함 또는 독특함으로 호기심을 자극하는 것도 인플레이션 대응에 도움이 된다. 디자인, 상품, 서비스에서 독특한 차별화 요소가 있다면 고객을 불러모을 수 있다.

인플레이션이 계속되면 소비자들은 경제적인 기회를 찾기 위해서 노력한다. 브랜드 이미지를 떨어뜨리는 가격 인하보다 기회를 찾는 즐거움과 재미를 주는 프로모션이 더 효과적이다. 의미가 있는 프로모션은 브랜드 이미지를 손상시키지 않고 고객과 소통을 강화하고 매출 증대에도 도움이 된다.

▲ 디지털 전환
골목상권에 부는 바람 중 하나는 디지털 전환이다. 코로나 팬데믹 이후 중소벤처기업부가 소상공인 디지털전환을 위해 추진해 온 스마트상점 기술지원 사업이 골목상권 디지털 전환에 큰 몫을 하고 있다.

코로나 팬데믹 시기 동안 키오스크 도입이 활발했다면 2023년부터는 일반 음식점을 중심으로 테이블오더 기술이 빠르게 확산될 전망이다. 주문/결제 수단도 더욱 다양해 질 것으로 보인다.

스마트 기술의 대중적인 확산에 큰 영향을 미치는 주요 프랜차이즈 브랜드들이 기술 도입에 적극 나서고 있어 머지 않아 디지털 전환은 소상공인 매장의 필수 전략으로 자리잡을 전망이다.

골목상권 스마트화를 통해 기대되는 효과는 첫째 구인난 해소다. 테이블오더, 키오스크 등 스마트한 주문/결제시스템은 도입 비용도 저렴하고 실질적으로 구인난 해소에 도움이 되고 있다. 서빙로봇, 조리로봇의 경우 아직은 비용 부담이 걸림돌이지만 구인난 해소와 근무환경 개선에는 효과가 있는 걸로 인식되고 있다.

스마트기술 도입은 매출 증대와 마케팅, 고객관리에도 도움이 된다. 디지털 사이니지, 고객관리앱, 스마트미러, 상권분석 솔루션, 무인판매기, 매장 무인화 솔루션 등이 여기에 해당된다.

일반 음식점들도 무인화 솔루션과 무인판매대 설치를 통해 낮에는 유인, 밤에는 무인으로 매장을 운영하면 매출을 배가시킬 수 있다. 서비스 업종이라면 무인화 솔루션을 활용해서 입출입에 따르는 고객응대 비용을 절약하고 학원처럼 입출입과 고객관리를 연동할 수도 있다.

학원, 미용실, 휘트니스센터, 요가 및 필라테스, 소규모 도소매 및 제조업 등은 업종 특성에 맞는 운영 솔루션을 도입해 매장 운영 효율을 높일 수 있다. 디지털화된 고객관리와 거래처 관리, 과학적인 매출 분석으로 인건비 절감은 물론 경영을 고도화할 수 있다.

▲ MZ세대 소통 강화

일터는 물론 소비에서도 MZ세대가 주축으로 자리잡으면서 마케팅이나 판매, 제품개발, 매장 운영 관리 등 모든 면에서 MZ세대를 이해하지 못하면 살아남기 힘들게 됐다. 따라서 2023년 골목상권 생존전략에서 MZ세대 이해와 소통 강화는 매우 중요하다.

MZ세대 소통에 능숙해지려면 디지털 감성을 키워야 한다. 스마트폰, SNS, 스마트 기술 등 새로운 것을 배우고 적극 도입해야 한다. 골목상권의 디지털 전환은 매장 운영 효율이나 비용 절감은 물론 MZ세대와의 소통 강화에도 큰 도움이 된다.

온·오프라인을 연계하는 크로스 채널 전략과 크로스 미디어 전략에도 익숙해져야 한다. 도미노 피자의 경우 디지털을 활용한 고객접점 확대를 통해 세계 1등 피자로 등극할 수 있었다. 사이버 공간의 미디어 활용은 물론이고 오프라인 매장 콘텐츠 활용에도 능숙해져야 한다.

디지털 사이니지를 잘 활용하면 우리 브랜드만의 개성을 드러내는 오프라인 미디어를 운영할 수 있다.

MZ세대의 호기심을 자극할 수 있어야 한다. MZ세대들은 익숙하고 지루한 것을 싫어한다. 긴 설명과 훈계도 싫어한다. 짧고 간단 명료하게, 시크하고 힙하게 새로운 것을 만들어 낼 수 있어야 한다. MZ세대들의 트렌드 키워드와 밈에도 친숙해져야 한다. MZ들의 언어에도 익숙해질 필요가 있다. 이들의 언어를 알면 마케팅 SNS 등에 활용하면서 소통을 강화할 수 있다.

▲ 지속가능한 발전
지속가능한 발전은 더 이상 대기업만의 영역이 아니다. 골목상권의 작은 상점에도 선택이 아닌 생존을 위한 표준으로 자리잡고 있다.

지속가능성은 환경을 비롯해 사회, 경제적인 측면까지 포괄한다. 친환경 용기나 포장재를 사용하고 일회용품 사용을 자제하는 게 좋다. 친환경적인 음식물 처리방식은 운영비 절감은 물론 환경보호에도 도움이 된다.

신규 창업자라면 업스케일 전략을 고려해본다. 인스타그램의 영향으로 힙한 인테리어가 핫플의 조건이 됐다. 최근에는 기존 시설을 잘 활용하고 아이디어를 가미해 최대한 자원을 재활용하는 매장 디자인이 인기다.

대체육 메뉴 도입도 고려해 볼만하다. 아직 빅히트 사례는 없지만 개념있는 브랜드들을 중심으로 가치 소비자를 겨냥해 꾸준히 신제품이 등장하고 있다.

한편 지역 사회에 도움이 되는 작은 활동은 착한 가게를 만든다. 노동법을 준수하고 직원들의 성장과 발전, 복지에 신경쓰는 좋은 사장도 사회의 지속가능 발전에 기여한다. 건강에 좋은 메뉴, 합리적인 가격, 고객을 행복하게 하는 배려와 서비스는 지역사회에 존재 의미를 갖게 한다.

경제적 측면에서 지속가능한 발전을 하려면 경영 전문성이 강화돼야 한다. 다점포 또는 프랜차이즈 사업으로 성공한 골목 상권 사장들은 끊임없이 공부하며 기업가 역량을 강화한다. 기업가 역량의 핵심은 경영에 대한 전문성이다.

바. 업종별 창업 현황[27]

올 초 발표된 중소벤처기업부 '2023년 창업기업동향'에 의하면 2023년 전체 창업은 온라인·비대면 관련 업종의 증가세 지속과 거리두기 해제 등으로 대면 업종 중심으로 증가했으나, 글로벌 경기둔화와 3고(高)(고금리·고환율·고물가) 등은 창업에 부정적으로 작용하여 전년대비 6.0%(78,862개) 감소한 123만 8,617개로 집계되었다.

특히, '22년부터 이어진 부동산 경기 부진 등으로 부동산업의 신규 창업이 전년대비 79,076개 (-38.4%) 대폭 감소한 것이 창업감소의 주된 요인으로 분석되었으며, 부동산업을 제외할 경우

---
[27] 23년 창업기업동향, 중소벤처기업부

전년과 유사한 수준인 것으로 나타났다.

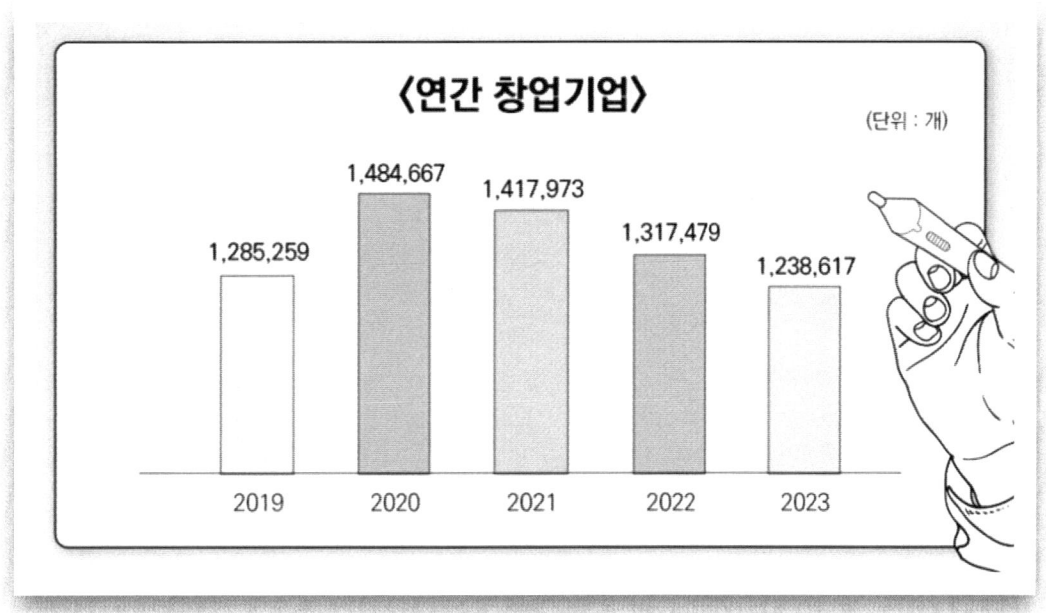

그림 40 연간 창업기업

업종별로 살펴보면 코로나19 엔데믹 선언 이후 대면업종 생산이 확대되면서 숙박 및 음식점업(8.1%↑), 전기·가스·공기(32.7%↑) 등은 전년대비 신규창업이 증가한 것으로 나타났다.

반면, 국내외 경기부진에 따른 투자 축소, 수출감소 등으로 도소매업(1.4%↓), 건설업(8.6%↓), 전문·과학·기술서비스업(9.0%↓) 등에서 창업이 감소했다.

업종별 창업

(단위 : 개, %)

구분	2020년	2021년	2022년	2023년
숙박 및 음식점업	166,548 (△10.0)	161,283 (△3.2)	156,489 (△3.0)	169,188 (8.1)
전기, 가스, 공기조절공급업	26,131 (△5.8)	24,146 (△7.6)	23,773 (△1.5)	31,546 (32.7)
도매 및 소매업	390,055 (17.0)	425,446 (9.1)	456,426 (7.3)	450,194 (△1.4)
건설업	66,366 (0.1)	71,489 (7.7)	67,271 (△5.9)	61,514 (△8.6)
전문, 과학 및 기술서비스업	54,411 (17.2)	65,134 (19.7)	58,035 (△10.9)	52,805 (△9.0)

1) 업종별 증감 분석

   가) 숙박·음식점업

펜트업 효과(Pent-up Effect), 상가 임차료 인하, 여행수요 증가 등의 영향으로 '23년 숙박·음식점업 창업은 전년대비 증가했다. 펜트업 효과 등으로 상반기에는 크게 증가했지만 하반기에는 고금리, 고물가 지속 등의 영향으로 둔화되었다.

펜트업 효과는 코로나19 영향으로 억눌렸던 수요가 급속도로 살아나는 현상이다. 코로나19 영향으로 수요가 억제됐다가 엔데믹 선언 이후 유동 인구 증가에 따른 수요 확대로 신규창업 활발해졌다.

최근 부동산 경기 부진으로 공실률이 높은 상가의 경우 임차료를 인하하고 있어 음식점업 창업에 긍정적으로 작용하고 있다. 한식음식점업, 한식육류요리전문점, 김밥 및 기타 간이음식점업, 일식 음식점업 등을 중심으로 증가했다.

숙박업은 엔데믹 이후 국내외 여행 수요와 해외 관광 입국자 확대 등의 영향으로 신규창업 증가했다. 여관업이 크게 감소했으나 민박업, 기타 일반 및 생활숙박시설 운영업, 기숙사 및 고시원 운영업 등을 중심으로 신규창업이 활발했다.

(단위 : 개, %)

구분	2022년			2023년					
	3/4	4/4		1/4	2/4	3/4	4/4	12월	
숙박·음식점업	41,133	41,316	156,489	41,464	46,157	41,153	40,414	12,116	169,188
	(11.9)	(2.1)	(△3.0)	(25.6)	(12.5)	(0.04)	(△2.2)	(△5.8)	(8.1)

* ( ) : 전년 동기 대비 증가율

   나) 전기·가스·공기

환경규제(RE100, CF100)로 인한 재생에너지 수요확대, 태양광 발전 산업의 영역 확대(발전업, 시스템엔지니어링, 관련 서비스업등), 노후 대비 수익사업 등으로 신규창업 활발했다.

국내 태양광 산업은 안정적인 수입과 적은 투자 비용 등의 이유로 노후 대비를 위한 투자사업으로 인기가 상승한 것으로 보인다. 60세 이상을 중심으로 전 연령대에서 신규창업이 활발하다.

(단위 : 개, %)

구분	2022년			2023년					
	3/4	4/4		1/4	2/4	3/4	4/4	12월	
전기·가스·공기	6,272	6,435	23,773	7,675	8,329	7,779	7,763	2,541	31,546
	(4.4)	(△6.6)	(△1.5)	(49.4)	(40.5)	(24.0)	(20.6)	(13.7)	(32.7)

* ( ) : 전년 동기 대비 증가율

다) 개인서비스업

코로나19 엔데믹 이후 유동인구 증가에 따른 수요확대, 초고령사회 진입과 함께 돌봄 수요 증가 등으로 개인서비스업 창업증가하고 있다.

초고령사회 진입과 사회·경제활동 참여 확대(맞벌이) 등으로 고령층과 어린이 돌봄에 대한 수요 확대로 관련 창업도 크게 증가했다.

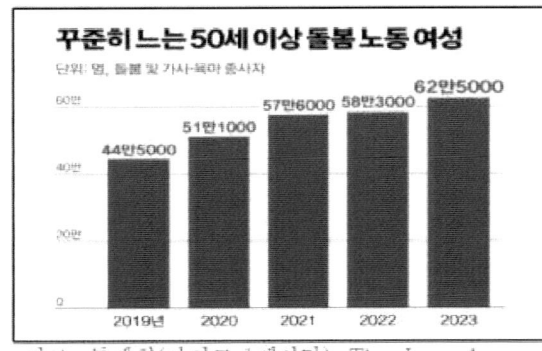
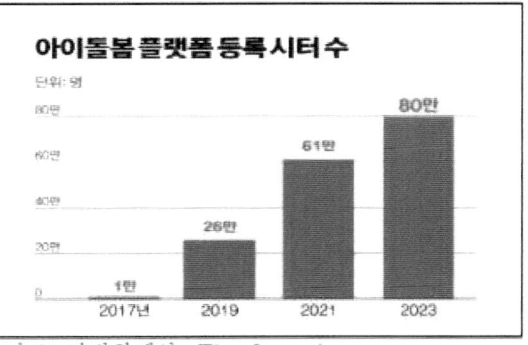

또한 코로나19 여파로 둔화됐던 창업수요가 느는 가운데, 기존의창업 트렌드에서 벗어나 다양한 형태의 창업(예: 출장형 대형견목욕서비스업 등)이 발생하고 있어 분류되지 않은 개인 서비스 창업이 증가하고 있다.

협회·단체, 개인·소비용품 수리업은 감소했지만, 기타 개인 서비스업 창업은 크게 증가했다. 개인 간병 및 유사서비스업, 그 외 기타 달리 분류되지 않은개인서비스업, 체형 등 기타 신체관리 서비스업 등을 중심으로 증가했다.

라) 사업 시설관리·임대업

코로나19 각종 행사와 전시회, 공연, 국제회의 등의 행사와 국내·외 여행 증가하면서 청소 수요 확대 등으로 여행업, 전시·컨벤션·행사대리업, 건축물 일반 청소업 등에서 신규 창업이 활발하다.
또한 인구 고령화, 1인 가구 증가에 따른 청소 수요가 증가하는 가운데 소자본 창업이 가능한 건축물 일반 청소업 신규 창업이 증가했다.

(단위 : 개, %)

구분	2022년			2023년					
	3/4	4/4		1/4	2/4	3/4	4/4	12월	
사업시설관리 임대업	9,578	9,425	39,291	10,942	10,765	10,717	10,599	3,420	43,023
	(11.1)	(5.4)	(1.6)	(7.6)	(6.4)	(11.9)	(12.5)	(8.7)	(9.5)

* ( ) : 전년 동기 대비 증가율

마) 교육서비스업

교육 전문서비스를 제공하는 일반교과학원과 입시 관련 교육지원·자문 서비스업 등에 대한 수요 확대로 관련 창업이 증가했다.

또한 최근 건강에 대한 관심 및 수요 증가(덤벨 이코노미1))와 외국어 학습에 대한 관심이 높아지면서 관련 교육기관 신규 창업이 증가했다.

외국어학원, 태권도 및 무술 등의 스포츠 교육기관, 교육지원서비스업(교육 관련 자문 및 평가업 등) 등을 중심으로 증가했으며 '50대'를 중심으로 모든 연령대에서 신규 창업이 증가했다.

(단위 : 개, %)

구분	2022년			2023년					
	3/4	4/4		1/4	2/4	3/4	4/4	12월	
교육 서비스업	10,108 (8.9)	10,606 (0.1)	42,536 (4.3)	13,268 (9.0)	10,212 (5.9)	10,306 (2.0)	10,836 (2.2)	3,857 (△2.4)	44,622 (4.9)

* ( ) : 전년 동기 대비 증가율

사. 구조

1) 창업을 시작하는 방법

그림 47 애플(APPLE)의 기술전도사 겸 마케터 가이 가와사키.

애플(APPLE)의 전설적인 Evangelist(기술전도사 겸 마케터), 가이 가와사키는 "당신의 기업을 시작하라" 라는 책에서 다음과 같은 통찰 있는 내용을 전해준다.

가) 기업의 존재 '의미'를 만들어라

(ex : 세상을 좀더 살기 좋은 곳으로 만들어 주는 제품/서비스 창조)

-> 만약 우리 조직이 없다면, 세상은 _____ 때문에 살기 불편할 것이다.

대부분의 창업 기업은 "의미"를 먼저 찾기 보다는, 자신의 아이디어에 우선순위가 주어진다. 고객의 입장에서 우리 회사의 제품 혹은 서비스가 "왜 존재하는가?"에 대한 명확한 대답이 필요하다.

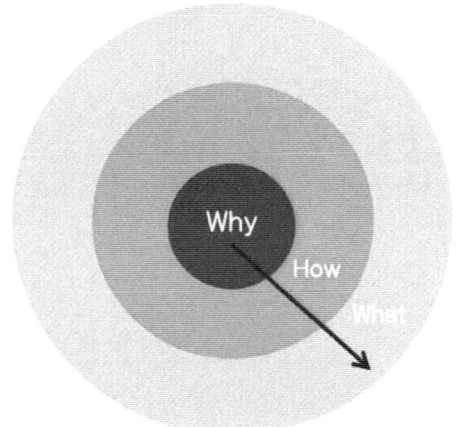

그림 48 '의미'의 중요성.

나) 기업의 존재의미를 담은 '주문'을 만들어라

(사명서 따위가 아니라, 주문. 슬로건과 다르다)
-> Authentic Athletic performance (나이키), Rewarding everyday moment (스타벅스)
 Think Differnt (애플), Fun family entertainment (디즈니)

나이키는 단순 생필품인 운동화를 파는 회사이다. 하지만 나이키의 브랜드에는 특별한 가치를 지닌다. 그 이유는? 바로 "명확한 주문(mantra)"를 가지고 있기 때문이다.
"Authentic Athletic Performance", (진정한 운동선수의 성과)

나이키는 세상에 모든 운동선수를 위해 존재한다. 그들의 경기력과 성과 향상에 기여하기 위해 존재하는 것이다. 주문이 바로 명확한 기업의 가치를 말해준다.
고객, 전 직원이 다 알 수 있는 회사의 사명을 가질 때, 기업은 모두에게 의미를 가진다.

"기업의 가치, 철학이 담긴 당신 회사의 주문은(mantra)?
 (?   )

다) 실행에 즉시 나서라

문서 작업, 재무 계획 X, '실행' 먼저!
(시제품, SW, 웹사이트 런칭, 당신의 서비스 제공을 먼저해라!)
-> 완벽한 제품 생각X , 실제로 판매하고 있어야 함

"먼저 팔아라"
린스타트업에 "고객 검증 및 세일즈"가
이루어 져야 한다. 아래에 추가적으로 몇가지 원칙을 제시한다.

라) < 원 칙 >

① 크게 생각하라 (원대함을 위해 노력, 좀 더 높은 기회!!)
(ex : 아마존닷컴 300만종 판매서점 만들려함 vs 일반 오프서적 2만 5천)

② 함께할 동료를 찾아라
같은 비젼을 가진 동료와 함께하면, 힘든 여정을 버텨나갈 수 있다.

③ 사람들을 열광시켜라 => 긍정적 / 부정적 반응 모두 관심의 표현!

④ 차별화된 설계를 하라
 -> 4가지 접근방식
 * 이런 제품을 원해 -> 시장조사 방법
 * 우리 회사가 못 하는 거야 -> 경력을 기반으로 유리한 고지
 * 어라, 이런게 가능하네! -> '검증', but 어려울때는 인기 있는 방법 X
 * "좀 더 좋은 방법이 있을거야"

⑤ 시장조사를 위해서 시제품을 이용하라
-> 첫 제품, 서비스를 시장에 선보이는 것
 예상 고객이 좋아하도록 제품을 바꾸려 X
 이미 좋아하고 있는 것을 더 좋게 만드려는 노력

기본적인 원칙을 가지고서, 사업을 시작하면서
가장 중요한건? "돈을 버는 방법"이다.

마) 수익모델을 정의하라

* "어떤" 고객들이 당신의 제품 혹은 서비스를 구매할 것인가? (Who)
* "어떻게" 그 고객들에게 제품/서비스를 판매할 것인가? (How)

① 구체화하라 -> 고객을 자세히 묘사 ! (틈새시장 , 특정시장 공략)

<Self Check>
1단계 : 당신 조직 한달 동안 운영하는데 필요한 비용 계산
2단계 : 당신이 만드는 제품 1개의 총 이윤을 계산하라
3단계 : 1단계에서 계산비용을 2단계 결과로 나눠라
4단계 : 몇 명의 여성에게 3단계 결과만큼 팔릴지 물어봐라.
만약 아니라면 당신은 수익모델이 없는 것과 같다

② 단순화하라 -> 수익모델을 "10 단어" 이내로 표현!!
 (ex : 이베이 -> 동록수수료 / 위탁수수료)

③ 벤치마킹하라 -> 수익모델을 정의하는데 모든 에너지를 쏟지 마라

 여자들의 반응, 심리를 잘 활용 (남자는 킬러본능 ,무디다!!)
 반응을 통해 "수익모델" 실현가능성을 잘 판단 할 것.

바) 조직을 굳건하게 하는 MAT를 마련하라 (Milestone, Assumtion, Task)

Milestone(이정표, 액션 플랜) : 기한을 정하고 벽에 붙여라!

<7단계 프로세스>
컨셉 증명 -> 설계규격 완성 -> 시제품 완성 -> 자본 유치 -> 고객테스트 버전제공(제품) -> 최종버전 -> 손익분기 달성
Assumption : 가정이 틀리면 재빨리 조치, 이정표와 연계 할것

이정표를 세웠지만, 그 이정표 대로 흘러가지 않을 수도 있다.
또한 세웠던 가정이 잘못되었다면, 바로 이정표를 수정해나가야 한다.
시장은 냉정하기 때문이다.

: Lean startup을 잊지 말자!

<가정의 요소>
"가정(Assumption)"을 하는데 있어, 지표들을 정할 수 있다.

제품,서비스 성과 지표 (30일동안 몇개를 팔까?)
시장규모 / 매출이익
영업 직원당 영업전화 / 잠재 고객의 실질고객 전환비율 (100통 전화로 잠재고객중 몇명이 구매로 전환되는가?)
/ 영업주기 / 고객의 투자대비 수익률 / 출시된 제품당 기술지원 문의 전화 비율 / 미수금, 미지급금 주기 / 보상요건 / 부품,물품가격 / 고객당 투자대비 수익율 등등등…

"회사마다 추구하는 가치와 철학"이 다르다.
따라서 KPI (주요 성과 지표 ; Key Performance Indicator)가 다를 것이다.
쉽게 말해 "목표"가 다르다는 것이다. 이점을 참고하자.

***Task : 업무를 쪼개라
 사무실 임대 / 주요 공급망 확보 / 회계와 급여 관련시스템 갖추기
 법률 관련 문서정리 / 보험 가입

"큰 이정표를 그리고, 일정 실험 기준들을 만들고
실험을 통해 맞는 길임을 확인 했다면, 주저말고 달려가라!!!!"

그리고, 어느구간에서는 쉬고 어느구간에서 물을 마실지
구체적으로 Action Plan (Task, 과업)을 짜고 시작하라.

이런 방법으로 창업을 시작한다면, 당신의 기업을 완전히 달라져 있을 것이다.

05
창업기업현황분석

5. 창업기업 현황 분석

가. 창업준비 전 고려 사항들

1) 기업에 영향을 미치는 요인

가) 창업 동기

창업자들이 창업하고자 하는 동기는 경제적, 비경제적 행태로 구분되는 다양한 요인들의 영향을 받게 된다. 창업 동기를 묻는 설문에 대해 모든 권역에서 '나의 적성과 능력을 발휘하기 위해서'라는 응답 비율이 42.8%로 가장 높게 나타났다. 다음으로는 '높은 소득을 얻을 수 있어서'가 26.1%, '생계유지를 위해서'가 14.1% 등의 순으로 높았다.

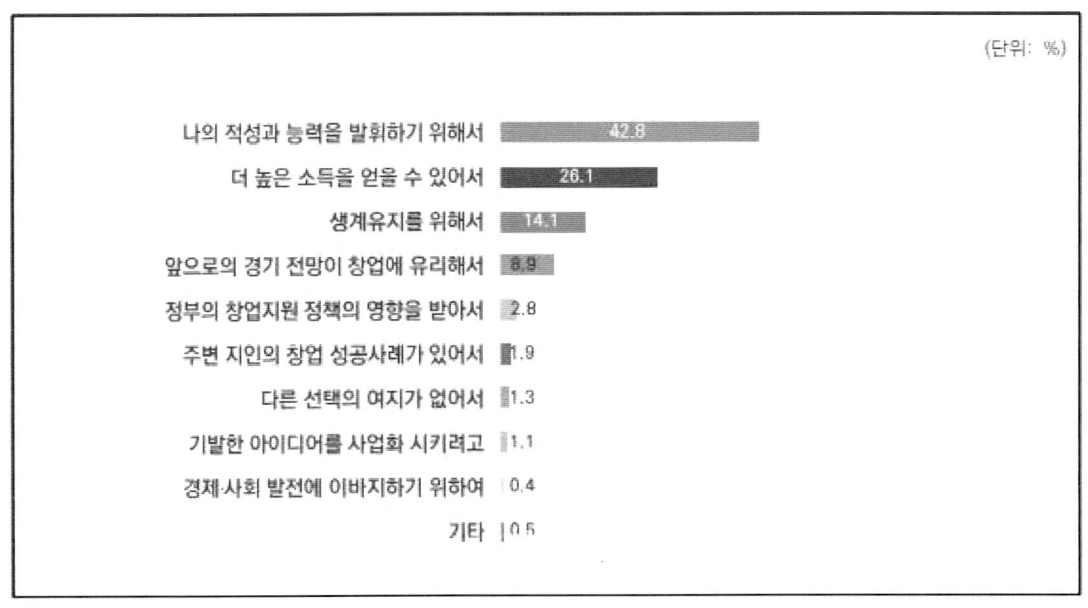

[그림 49] 창업동기

업종별로는 대부분의 업종에서 '나의 적성과 능력을 발휘하기 위해서' 응답 비율이 가장 높게 나타난 가운데, '농림어업'의 경우 '더 높은 소득을 얻을 수 있어서'(35.3%), '창작예술 및 여가 관련 서비스업'의 경우 '생계유지를 위해서'(37.3%)의 응답 비율이 가장 높게 나타났다.

권역별로는 '나의 적성과 능력을 발휘하기 위해서' 응답은 '전자상거래업', '출판, 영상, 방송통신 및 정보 서비스업', '교육 서비스업', '창작예술 및 여가 관련 서비스업'에서 가장 높게 나타났으며, '더 높은 소득을 얻을 수 있어서' 응답은 '농림어업', '제조업', '기타 금융 지원 서비스업', '전문, 과학 및 기술 서비스업', '사업시설 관리 및 사업지원 서비스업', '개인 및 소비용품 수리업'에서 가장 높게 나타났다.

나) 창업 의사결정에 영향을 미치는 요인

창업자의 창업 의사결정에 영향을 미치는 요인은 다양하게 나타날 수 있다. 실태조사 결과, 우리나라 창업자들은 '이전 직장 경험'(79.2%)이 창업 의사결정에 가장 크게 영향을 미쳤다고 응답하였으며, 다음으로 가정교육(3.8%), 직업교육(3.2%), 학교교육(2.2%) 등의 순으로 나타났다.

한편, 학교교육 및 직업교육, 가정교육 등의 교육시스템은 창업자의 창업 의사결정 요인에서 큰 비중을 차지하지 못한 것으로 나타났다. 이는 우리나라의 교육시스템이 창업 촉진에 크게 기여하지 못하고 있음을 의미한다고 볼 수 있어, 향후 창업 촉진을 위해서는 선진국과 같이 학교교육 및 직업교육 등이 보다 큰 역할을 수행할 필요가 있음을 시사하고 있다 하겠다.

다) 최종 창업 결정 시 중요하게 고려한 경제적·비경제적 요인

창업자가 창업을 결정할 때에는 여러 가지 경제적, 비경제적 요인의 영향을 받게 된다. 이와 관련하여 창업자가 창업을 최종적으로 결정하는 데 가장 중요하게 고려하였던 경제적 요인을 조사한 결과, 시장규모 및 성장성이라는 응답이 62.2%로 가장 높게 나타났으며, 다음으로 소득증대 기대(20.8%), 내부 여유자금(가족 소득/자산) 등의 순으로 나타났다.

성별로는 남성·여성 창업자 모두 시장규모 및 성장성이라는 응답이 가장 높게 나타났으나, 시장규모 및 성장성 요인에 대해서는 남성 창업자에서 여성 창업자보다 높게 나타난 반면, 소득증대 기회 요인에 있어서는 여성 창업자(30.0%)에서 남성창업자(19.8%)보다 높게 나타났다. 학력별로는, 시장규모 및 성장성 요인의 경우 학력 수준이 높을수록 응답비율이 높게 나타난 반면, 소득증대 기회 요인의 경우는 학력수준이 낮을수록 응답비율이 높게 나타났다. 이는 창업자가 최종 창업 결정 시 고려하는 경제적 요인으로 시장규모 및 성장성이 가장 중요하며, 학력 수준이 높을수록 기술창업 비중이 높아 시장규모 및 성장성이 보다 중요한 요인으로 지적되고 있다는 점을 감안하여, 대학·연구원 등 고학력자의 창업 촉진방안을 적극 모색할 필요가 있다고 할 수 있다.

한편, 창업자가 창업을 최종적으로 결정하는 데 가장 중요하게 고려하였던 비경제적 요인은 도전의식(34.2%) 및 자아실현 욕구(30.0%)라는 응답비율이 높게 나타났으며, 다음으로 성공 기업가처럼 존경받고 싶은 욕구(10.9%), 사회공헌(9.6%) 등의 순으로 나타났다. 성별로는 여성 창업자에서 특히 도전의식이라는 응답비율이 43.3%로 매우 높게 나타났으며, 자아실현 욕구 요인은 남성 창업자에서 여성 창업자에 비해 매우 높게 나타났다.

2) 창업교육 참여 여부 및 필요성

가) 창업교육 참여 여부

창업을 촉진하기 위해서는 기업가적 마인드를 배양하기 위한 창업교육의 역할이 매우 중요하다. 창업자를 대상으로 학교 교육과정(초·중·고·대학·대학원)에서 창업교육에 참여한 적이있었는가에 대해 조사한 결과, '참여한 적 있음'이라는 응답은 6.7%에 불과한 반면 '참여한 적 없음'이라는 응답은 86.3%로 나타나, 대부분의 창업자가 학교 교육과정에서 창업교육을 받지 못한 것으로 나타났다.

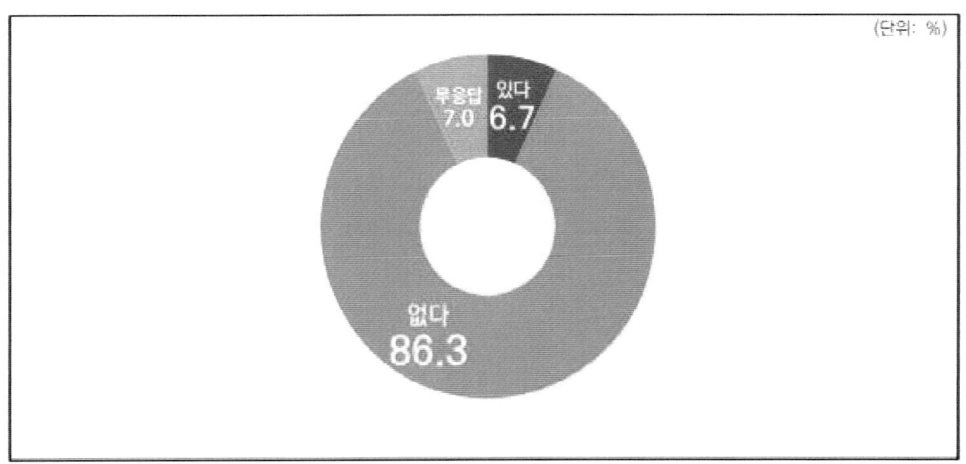

그림 50 창업, 기업경영 교육/훈련 경험

권역별로 분류했을 때, '수도권'이 7.3%로 전 권역 중 교육·훈련 경험이 있는 비율이 가장 높은 것으로 나타났으며 업종별로 분류했을 때는 '창작예술 및 여가 관련 서비스업'에서 교육·훈련 경험이 있는 비율이 20.7%로 가장 높게 나타났다.

창업 교육 받은 내용은 '창업 경영 관리 이해'가 52.9%로 가상 높은 비율을 차지하였으며, 다음으로는 '창업 절차 및 법규 이해'(47.3%), '창업환경 이해'(38.6%), '창업 특화분야'(32.7%) 등의 순으로 조사됐다.

창업 교육 시 받은 내용에 대한 응답 결과를 권역별로 분류한 결과, 대부분의 권역에서 '창업 절차 및 법규 이해' 응답 비율이 가장 높게 나타난 가운데, '수도권'의 경우 '창업 경영 관리 이해' 응답 비율이 62.4%로 높게 나타났으며, '호남권'의 경우 '창업 특화분야' 응답 비율이 81.2%로 높게 나타났다.

창업 교육 수강 기간은 '3개월 미만'이 47.8%로 가장 높은 비율을 차지하였으며, 다음으로는 '3~6개월 미만'(39.1%), '6~9개월 미만'(2.3%) 등의 순으로 높게 나타났으며 전체 평균 수강 기간은 2.5개월로 조사됐다.

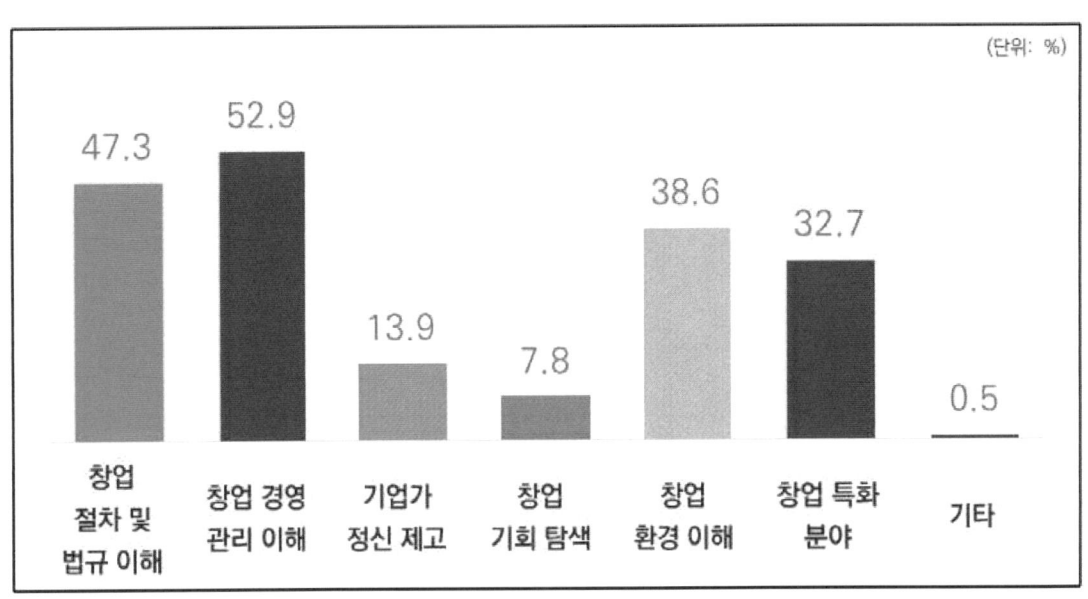

나) 창업 교육의 필요성

창업교육의 필요성에 대한 설문조사 결과, 약간 필요(58.1%) 또는 매우 필요(35.5%)라는 응답이 93.6%로 절대 다수를 차지한 반면, 불필요(전혀 불필요 1.3%, 거의 불필요 5.1%)하다는 응답은 불과 6.4%로 나타났다. 성별로는 여성에 비해 남성 창업자 그룹에서 창업교육의 필요성에 대해 보다 높게 응답하였으며, 학력별로는 대체로 학력 수준이 높을수록 창업 교육의 필요성을 더 실감하는 것으로 나타났다.

이 같은 조사결과로 볼 때, 향후 창업을 촉진하고, 창업에 따른 성공률을 제고하기 위해서는 학교 교육과정이나 정부기관및 비영리기관 등에서 창업교육을 보다 강화할 필요가 있다 하겠다.

창업 교육은 현재 많은 사람들에게 큰 관심을 끌고 있는 주제이다. 이는 창업에 대한 열망이 높아지고 있는 현대 사회의 특성과 밀접한 연관이 있다. 창업 교육은 창업가로 성공적인 경력을 쌓을 수 있도록 필요한 지식과 기술을 제공하는 교육으로, 이를 통해 창업가들이 실패를 피하고 성공을 이룰 수 있는 기회를 제공한다.

첫째로, 창업 교육의 필요성은 창업가들이 사업을 시작하고 성장시키는 과정에서 마주하는 다양한 어려움과 도전에 대비할 수 있는 기반이 마련되기 때문이다. 창업은 쉬운 일이 아니며, 시장 경쟁력을 확보하고 성공을 거두기 위해서는 전문적인 지식과 노하우가 필수적이다. 이에 창업 교육은 창업가들이 비즈니스 아이템을 개발하고 실행하는 과정에서 필요한 전략적 사고와 기술을 습득할 수 있는 플랫폼을 제공한다.

둘째로, 창업 교육은 새로운 비즈니스 모델과 기회를 발굴하는데 도움을 줄 뿐만 아니라, 창업가들이 실패를 경험하고 교훈을 얻을 수 있는 안전한 실험의 장을 제공한다. 실패는 창업의 부분이지만, 이를 최소화하고 극복하기 위해서는 사전에 준비된 지식과 경험이 중요하다. 창업 교육은 이러한 실패를 예방하고, 창업가들이 성공적인 비즈니스를 구축할 수 있도록 돕는 역할을 한다.

마지막으로, 창업 교육은 혁신과 경제 성장을 촉진하는 역할을 한다. 새로운 기업이 창출되고 성장함으로써 새로운 일자리 창출과 지역 경제 활성화에 기여할 수 있다. 또한 창업가들의 창의력과 독창성을 키움으로써 산업구조의 혁신과 발전을 이끌어내는 중요한 역할을 한다.

창업 교육은 현대 사회에서 중요한 역할을 수행하고 있으며, 창업가들에게 필수적인 지식과 기술을 제공하여 새로운 비즈니스 아이템을 성공적으로 실행하고 발전시킬 수 있는 기반을 마련한다. 이를 통해 창업가들은 경제적으로 성공을 거두는 것은 물론, 사회적 가치 창출과 혁신에도 기여할 수 있게 된다.

3) 창업환경 및 기업가에 대한 인식

창업환경은 창업기업의 창업활동에 큰 영향을 미치는 중요한 요인이라고 할 수 있다. 그러나 우리나라의 창업환경은 경쟁국에 비해 열악한 것으로 알려지고 있어, 그 실태를 점검해 볼 필요가 있다.

가) 창업 당시와 비교한 현재의 창업환경

우선 창업 당시에 비해 현재의 창업환경을 어떻게 생각하느냐는 설문에 대해, 약간 호전(23.6%) 또는 매우 호전(5.8%)되었다는 응답비율은 29.4%로 나타났음에 비해, 악화(32.6%) 또는 매우 악화(11.2%)되었다는 응답비율은 43.8%로 나타났다.
즉, 창업 당시에 비해 창업환경이 호전되었다는 창업자보다 악화되었다고 인식하는 창업자가 14.4%나 많은 것으로 나타났다.

창업 연도별로는 창업 당시와 비교하여 창업환경이 '악화'되었다는 응답비율의 경우, 2006년 이후 창업한 창업자(46.0%)와 2003~2005년 창업한 창업자(39.8%)에 비해 2001~2002년에 창업한 창업자에서 악화되었다는 응답비율(49.0%)이 보다 높게 나타났다. 지역별로는 비수도권 소재 창업자에 비해 수도권 소재 창업자에서 창업 당시와 비교하여 현재의 창업환경이 악화되었다고 응답한 비율이 다소 높게 나타났다.

이 같은 응답결과는 최근 들어 창업에 따른 부담금 및 환경 영향평가 등 규제가 강화되고 있기 때문이라고 할 수 있으며 특히 수도권 소재 창업기업에서 그 비율이 보다 높은 것으로 나타나고 있다는 점을 감안하여, 국가경쟁력 강화 차원에서 수도권에서의 창업 활성화 방안도 모색할 필요가 있다는 점을 시사하고 있다고 할 수 있다.

한편, 창업환경이 악화되었다고 응답한 창업자를 대상으로 그 주된 이유가 무엇이라고 생각하느냐는 설문에 대해서는, 높은 생산요소가격이라는 응답비율이 67.2%로 가장 높게 나타났고, 다음으로 수익창출기반 약화(11.7%), 시장개방 확대에 따른 경쟁 심화(8.8%), 규제 증가(8.0%) 등의 순으로 나타났다.

창업 연도별로는 '높은 생산요소가격'의 경우, 최근 창업한 창업자일수록 악화되었다는 비율이 다소 높게 나타난 반면, '수익창출 기반 약화'와 '시장개방 확대에 따른 경쟁 심화'의 경우 는 창업 후 오래된 기업일수록 악화되었다는 응답비율이 보다 높게 나타났다. 종사자 규모별로는 종사자 규모가 큰 창업기업일수록 '시장개방 확대에 따른 경쟁 심화'라는 응답비율이 보다 높게 나타났다. 사업 분야별로는 특히 제조업 영위 창업기업의 경우 현재의 창업환경이 악화된 이유로 '높은 생산요소가격'이라는 응답(75.5%)이 가장 높게 나타났음에 비해 지식기반서비스업의 경우는 '수익창출기반 약화'라는 응답비율이 보다 높게 나타났다.

나) 경쟁 국가와 비교한 창업환경

우리나라의 창업환경이 대만, 일본 등 경쟁 국가에 비하여 어떠한 상황에 있는지를 조사한 설문에 대해서는, '좋은 편'(5.8%) 또는 '매우 좋은 편'(1.0%)이라는 응답이 6.8%에 불과
한 반면, '매우 나쁜 편'(10.1%) 또는 '나쁜 편'(60.4%)이라는 응답은 70.5%로 높게 나타났다.

사업 분야별로는 제조업 영위 창업자의 경우 창업환경이 경국에 비해 나쁘다('나쁜 편' 또는 '매우 나쁜 편')고 평가하는 비율이 72.0%로 지식기반서비스업 영위 창업자(63.0%)보다 높게 나타났다. 이는 특히 제조업 부문 창업에 있어 사전 환경영향평가 등의 규제가 강화됨에 따라 창업환경이 경쟁국에 비해 보다 어려워지고 있기 때문인 것으로 분석된다.
한편, 우리나라의 창업환경이 대만, 일본 등 경쟁국과 비교하여 나쁜 편이라고 응답한 창업자를 대상으로 창업환경이 열악한 주된 요인을 조사한 결과, '창업 실패에 따른 사회안전망 미약'이라는 응답이 33.0%로 가장 높게 나타났으며, '복잡한 창업 절차 등 규제'라는 응답은 31.7%, '상대적으로 높은 세제'라는 응답은 21.6%로 나타났음에 비해, '기업에 대한 불신 정서'라는 응답은 8.3%로 비교적 낮게 나타났다.

종사자 규모별로는 '창업 실패에 따른 사회안전망 미약'이라는 요인의 경우 기업의 규모가 작을수록 응답비율이 높게 나타난 반면, '기업에 대한 불신 정서' 및 '상대적으로 높은 세제'라는 요인의 경우는 기업의 규모가 클수록 경쟁국에 비해 나쁘다
는 응답비율이 보다 높게 나타났다.
이 같은 조사결과는 향후 창업 촉진을 위해 '창업 실패에 따른 사회안전망 확충'과 복잡한 창업절차 등 규제개혁, 그리고 상대적으로 높은 세제 개편이 필요할 것임을 의미하는 것으로 분석된다.

다) 창업하여 성공한 기업가에 대한 국민들의 인식

선진국의 경우 기업가에 대한 국민들의 인식이 비교적 높은 것으로 알려지고 있다. 이와 관련하여 창업한 기업가를 대상으로 우리나라 국민들이 창업하여 성공한 기업가를 어떻게 평가하고 있다고 생각하는지를 설문조사하였다.
조사 결과, '존경하지 않는 편임'(27.6%) 또는 '전혀 존경하지 않음'(3.5%)이라는 응답은 31.1%로 나타난 반면, '약간 존경'(50.6%) 또는 '매우 존경'(18.3%)이라는 응답은 68.9%로 비

교적 높게 나타났다. 이는 최근 회자되고 있는 국민들의 반기업 정서보다는 국민들이 창업하여 성공한 기업가를 비교적 긍정적으로 평가한다는 점을 창업기업인들이 인식하고 있다고 분석할 수 있다.

한편, 창업하여 성공한 기업가를 국민들이 긍정적으로 평가 한다고 응답한 창업자를 대상으로 그 이유를 묻는 설문에 대해, '고용창출에 기여', '경제성장에 기여'라는 응답이 각각 48.8%, 38.2%로 높게 나타난 반면, '사회에 크게 공헌', '기타'라는 응답
은 각각 7.4%, 5.6%로 낮게 나타났다.
이는 국민들이 창업하여 성공한 기업가를 긍정적으로 인식하는 이유는 무엇보다 고용창출과 경제성장에 기여한다는 점을 높게 평가하고 있다는 사실을 창업 기업가들이 인식하고 있기 때문인 것으로 분석된다.

나. 창업정책의 추진 실태와 실효성 제고 방안 [28]

1) 창업 재정지원 현황 및 문제점

가) 재정지원 현황[29]

중소벤처기업부(장관 박영선, 이하 중기부)는 2024년도 정부의 창업지원사업을 조사한 결과, 11개 부처(86개 사업)와 88개 광역지자체(311개 사업)에서 3조 7,121억원 규모의 창업사업을 지원한다고 밝혔다.

2024년 청년지원사업 통합공고에는 99개 기관, 총 397개 창업지원사업이 포함되었고, 전체 예산은 3조 7,121억원으로 전년(3조 6,607억원) 대비 514억원(1.4%)이 증가하였다. 이는 창업지원사업 예산이 역대 최대였던 '22년 예산(3조 6,668억원)보다 453억원(1.2%)이 더 많은 규모이다.

---

28) 참조 : 창원연구원
29) 대한민국 정책브리핑 2021년 1조 5,179억원 규모 창업지원 통합 공고 시행

		2018년	2019년	2020년	2021년	2022년	2023년	2024년
참여기관	중앙정부	7	14	16	15	14	14	11
	지방정부	-	-	-	17	80	89	88
대상사업	중앙정부	60	69	90	90	100	102	86
	지방정부	-	-	-	104	278	324	311
지원예산	중앙정부	7,796	11,818	14,517	14,368	35,578	35,078	35,621
	지방정부	-	-	-	811	1,090	1,529	1,500

표 6 연도별 창업지원 통합공고 현황 (단위 : 개, 억원)

기관별 창업사업 분석 결과, 창업기업 육성 전담부처인 중소벤처기업부가 사업수 37개(43%), 예산 3조 4,038억원(95.6%)으로 가장 많고, 문체부(12개, 609억원), 환경부(4개, 237억원), 농식품부(8개, 226억원) 순으로 많다.

지자체는 서울시가 강동구, 마포구 등 기초지자체 13개 기관과 함께 33개 사업을 통해 385억원(25.5%)을 지원한다. 그리고 경기도(12개 기관, 41개 사업, 153억원(10.2%)), 경상남도(8개 기관, 30개 사업, 107억원(7.1%)), 부산시(4개 기관, 23개 사업, 106억원(7.0%)), 광주시(4개 기관, 14개 사업, 105억원(7.0%)) 순으로 많은 예산을 투입하여 지원한다.

구분	중앙부처			지자체 (광역+기초)			
	기관명	사업수	예산(비율)	기관명	기관수	사업수	예산(비율)
1	중기부	37	34,038	95.6	서울	14	33	385	25.5
2	문체부	12	609	1.7	경기	12	41	153	10.2
3	환경부	4	237	0.7	경남	8	30	107	7.1
4	농식품부	8	226	0.6	부산	4	23	106	7.0
5	과기부	9	217	0.6	광주	4	14	105	7.0
6	특허청	3	98	0.3	전북	10	34	98	6.5
7	교육부	2	81	0.2	제주	2	17	79	5.3
8	해수부	3	81	0.2	경북	8	15	67	4.5
9	복지부	4	24	0.1	인천	3	20	67	4.4
10	법무부	1	10	0.0	전남	7	15	66	4.4
11	국토부	3	1	0.0	대전	2	8	60	4.0
12					충북	1	14	58	3.9
13					울산	3	14	53	3.5
14					강원	7	16	52	3.5
15					대구	1	8	28	1.9
16					충남	1	3	11	0.8
17					세종	1	6	9	0.6
계	9	86	35,621			88	311	**1,500**	

표 7 2024년 중앙부처 및 지자체 창업지원사업 현황(단위 : 개, 억원, %)

기관별로 중앙부처 중에는 중소벤처기업부가 3조 4,038억원(융자 2조 458억원 포함, 중앙부처의 95.6%), 지자체 중에는 서울시가 385억원(지자체의 25.5%)으로 가장 많은 예산을 지원한다. 지원사업 유형별(8개*)로는 융자·보증이 2조 546억원으로 가장 높은 비중(55.3%)을 차지하고, 이어서 사업화(7,931억원, 21.4%), 기술개발(5,442억원, 14.7%) 순으로 많은 예산이 배정되었다.

사업유형별 예산은 중소벤처기업부의 창업기반지원자금(1조 9,458) 등 융자·보증이 2조 546억원으로 가장 높은 비중(55.3%)을 차지하며, 이어서 사업화(7,931억원, 21.4%), 기술개발(5,442억원, 14.7%), 시설·공간·보육(1,341억원, 3.6%) 순이다. 사업화 분야가 166개로 가장 높은 비중(41.8%)을 차지하며, 시설·공간·보육(98개, 24.7%), 상담(멘토링·컨설팅)·교육(65개, 16.4%), 행사·관계망(네트워크)(28개, 7.1%) 순이다.

구분	융자·보증	사업화	기술개발(R&D)	시설·공간·보육	세계(글로벌)진출
예산	20,546	7,931	5,442	1,341	1,138
(비율)	55.3	21.4	14.7	3.6	3.1
사업수	7	166	6	98	23
(비율)	1.8	41.8	1.5	24.7	5.8
구분	상담(멘토링·컨설팅)·교육	행사·관계망(네트워크)	인력	합계	
예산	451	226	47	37,121	
(비율)	1.2	0.6	0.1	(100.0)	
사업수	65	28	4	397	
(비율)	16.4	7.1	1.0	(100.0)	

표 8 사업유형별 예산 현황(단위 : 억원, %)

나) 재정지원의 문제점

우선 정부가 창업 촉진을 위해 적지 않은 정책자금 융자와 보조금을 투입하고 있으나, 창업 재정지원 실태가 제대로 파악되지 않고 있으며, 일정 규모 이상의 창업지원사업에 대한 예비 타당성 검토 등이 이루어지지 않은 채 재정지원이 이루어지고 있다는 문제점이 지적되고 있다.

미국 등 선진국과 중국에서는 창업을 촉진하기 위해 테크숍, 메이커 스페이스 등 창업 인프라 확충에 역량을 집중하고 있음에 비해, 우리정부는 (개별) 창업기업 지원을 위한 정책자금 융자 및 R&D, 사업화에 대부분의 재정자금을 투입하였다.

또한 `스타트업 성장 걸림돌`에 대해 `자금 조달 문제`가 41.3%로 가장 많았다. 이어 `원가상승에 따른 비용증가` 38.2%, `인력부족` 22.0%, `국내외 판로 개척` 18.1% 순으로 나타났다.[30]

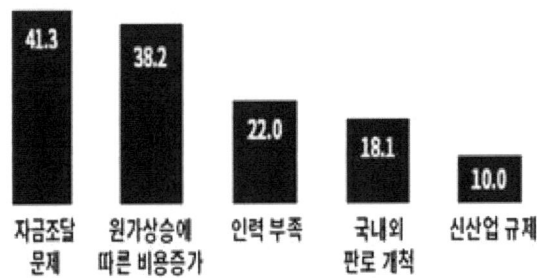

그림 52 스타트업 성장 걸림돌(복수응답)

창업을 해본 학생들은 창업을 시도할 때 사회경험, 전문성, 실행 능력 등 부족할 수 있는 부분을 보완해주는 도우미 역할이 충분히 이뤄지길 주문했다. 또 멘토 교수와의 네트워킹과 선별과정을 통한 재정 지원으로 '선택과 집중'이 중요하다고 답했다.[31]

2) 창업지원사업 추진 실태와 문제점

가) 중앙정부 및 지방정부의 창업지원사업[32]

다음은 2024년에 이루어진 분야별 정부 창업지원사업 통합 공고이다.

연번	사업명	사업개요	지원내용	지원대상	예산 (억원)	사업 공고일	소관 부처	전담(주관) 기관	비고
◇ 사업화 (34건)									
1	민관공동창업자 발굴육성사업	창업기획자, 초기전문VC 등 민간의 선별능력을 활용하여 발굴한 유망 기술창업기업 대상으로 사업화·마케팅 자금을 지원하고 팁스 기업, 팁스 운영사 등이 입주가능한 언프라인 팁스타운 운영	① 시제품 제작 ② 해외진출, 마케팅 ③ 후속사업화 자금	팁스(TIPS) R&D에 선정된 창업기업 중 업력 7년 이내 기업 · 신산업 분야 창업기업의 경우 업력 10년 이내	1,303.6	'24.1월	중소벤처 기업부 (기술창업과)	창업진흥원 (민관협력창업실)	
2	예비창업 패키지	혁신적인 기술창업 아이디어를 보유한 예비창업자의 성공 창업 및 사업화 지원을 통한 양질의 일자리 창출	① 사업화자금 ② 창업프로그램 ③ 멘토링	예비창업자 (공고일 기준 사업자(개인, 법인) 등록 및 법인 설립등기를 하지 않은 자)	629.77	'24.1월말	중소벤처 기업부 (기술창업과)	창업진흥원 (예비초기창업실)	
3	초기창업 패키지	유망 초기창업기업(창업 3년 이내)을 대상으로 사업화자금, 창업프로그램 등을 제공하여 기술혁신 및 성장 지원	① 사업화자금 ② 창업프로그램	업력 3년 이내 초기창업기업	548.60	'24.1월말	중소벤처 기업부 (기술창업과)	창업진흥원 (예비초기창업실)	
4	창업도약 패키지	업력 3년 초과 7년 이내 창업기업에 대해 사업모델 및 제품서비스	① 사업화 자금 ② 창업프로그램 ③ 대기업 연계	업력 3년 초과 7년 이내 창업기업	592.55	'24.1~2월 (미정)	중소벤처 기업부 (기술창업과)	창업진흥원 (창업도약실)	

---

30) 스타트업 성장 막는 '3대 장애물', 대한상공회의소
31) 대학생 창업해보니…자금부족·학업지장 '걸림돌'/매일경제
32) 2024년 중앙부처 및 지자체 창업지원사업 통합 공고

연번	사업명	사업개요	지원내용	지원대상	예산(억원)	사업공고일	소관 부처	전담(주관)기관	비고
		고도화에 필요한 사업화 자금과 창업프로그램을 지원하여 스케일업 촉진							
5	•초격차 스타트업1000 프로젝트	시스템반도체, 바이오·헬스 등 10대 신산업 분야의 혁신 기술 및 글로벌 진출 역량을 보유한 유망 창업기업을 선발하여 사업화 및 스케일업 지원	① 사업화 자금 ② 특화 프로그램 ③ 연계지원 (기술개발, 정책자금, 기술보증 등)	신산업 분야 업력 10년 이내 창업기업	1,031	'24.2월	중소벤처기업부 (미래산업전략팀)	창업진흥원 (혁신창업실)	
6	•아기유니콘 200 육성사업	혁신적 사업모델과 성장성을 검증받은 유망 창업기업을 발굴, 글로벌 경쟁력을 갖춘 예비 유니콘 기업(기업가치 1천억 이상)으로 육성	① 시장개척자금 ② 신시장진출 ③ 연계 지원	투자실적(20억이상 100억미만)이 있는 업력 7년 이내 기업	220	'24.3월	중소벤처기업부 (벤처정책과)	기술보증기금 (벤처혁신금융부) 창업진흥원 (민관협력창업실)	
7	•재도전성공패키지	우수한 아이템을 보유한 (예비)재창업자 발굴, 재창업교육, 멘토링, 사업화 지원 등 패키지식 지원을 통한 재창업 성공률 제고	① 사업화 자금 ② 재창업 교육 및 멘토링 등 ③ 재창업자를 위한 패키지 지원 시스템	예비재창업자 및 업력 3년 이내 재창업자(기업)	166.29	'24.1월	중소벤처기업부 (창업정책과)	창업진흥원 (재도전창업실)	재창업
8	•창업중심 대학	창업지원 역량이 우수한 대학을 '창업중심대학'으로 지정하여 대학발 창업을 활성화하고 지역창업 허브 역할 수행하기 위한 사업으로 대학발 창업기업 및 지역특화 창업기업 지원	사업화자금, 민간연계, 투자유치, 글로벌 진출 등 역량 강화 프로그램 지원	예비창업자 및 창업기업	674.75	'24.1월	중소벤처기업부 (청년정책과)	창업진흥원 (청년창업실)	청년지원 창업사업

연번	사업명	사업개요	지원내용	지원대상	예산(억원)	사업공고일	소관 부처	전담(주관)기관	비고
9	•생애최초청년창업지원	생애최초로 기술창업에 도전하는 청년(만 29세 이하) 예비창업자를 발굴·육성하기 위한 사업으로 창업기술 교육, 전문 멘토링, 시제품 개발비 등을 지원하여 창업성공률 제고	사업화자금, BM고도화, 교육·멘토 지원, 창업활동비 등	생애최초로 기술기반 창업을 희망하는 만 29세 이하 예비창업자 * 공고일 기준 사업자등록 이력이 없는 자	51.34	'24.1월	중소벤처기업부 (청년정책과)	창업진흥원 (청년창업실)	청년지원 창업사업
10	•공공기술창업사업화지원	공공기술을 활용하여 창업을 희망하는 청년(만 39세 이하) 예비창업자(팀)을 발굴·육성하기 위한 사업으로 사업화자금, 비즈니스모델 고도화, 교육 및 멘토 등 지원	사업화자금, BM고도화, 교육·멘토 지원 등	공공연구기관이 개발한 기술 활용을 통해 창업을 희망하는 만 39세 이하 예비창업자(팀)	18.34	'24.1월	중소벤처기업부 (청년정책과)	창업진흥원 (청년창업실)	청년지원 창업사업
11	•창업성공 패키지 (청년창업사관학교)	유망 창업아이템 및 혁신기술을 보유한 우수 창업자를 발굴하여 창업사업화 등 창업 全단계 패키지 방식으로 일괄지원하여 성공창업기업 육성	① 사업화 자금 ② 창업 교육·코칭 ③ 창업공간 ④ 기술지원 ⑤ 연계지원 (정책자금,투자,판로 등)	만 39세 이하, 창업 3년 이내 기업	793.2	'24.1월	중소벤처기업부 (청년정책과)	중소벤처기업진흥공단 (창업지원처)	청년지원 창업사업
12	•로컬크리에이터 육성사업	지역의 자원과 특성 등을 기반으로 혁신적인 아이디어를 접목하여 창업하는 로컬크리에이터를 육성	로컬크리에이터의 비즈니스모델(BM) 구체화, 브랜딩, 마케팅, 네트워킹 등 성장단계별 맞춤형 프로그램 제공	로컬크리에이터	68.48	'24.1~2월	중소벤처기업부 (소상공인성장촉진과)	소상공인시장진흥공단 (창업지원실)	

연번	사업명	사업개요	지원내용	지원대상	예산(억원)	사업공고일	소관 부처	전담(주관)기관	비고
13	・K-Global 액셀러레이터 육성	ICT 분야에 특화된 액셀러레이터의 글로벌 역량을 강화하여 유망 스타트업의 발굴, 육성 및 투자유치 활동 전반을 지원	① 사업화 및 기술지원, 멘토링, 네트워킹 등 글로벌 액셀러레이팅 프로그램 운영 ② 액셀러레이터 ICT 전문성 강화를 위한 활동 지원	민간창업기획자 등 (단, 대한민국 국적자가 액셀러레이터 대표)	16.80	'24.2월	과학기술정보통신부 (정보통신산업기반과)	정보통신산업진흥원	
14	・글로벌 ICT 미래 유니콘 육성	글로벌 성장 잠재력이 높은 ICT 유망기업이 발굴하여 해외진출, 자금지원 연계 등 종합 지원을 통해 미래 유니콘 기업으로 육성	① 보증지원 연계 ② 글로벌 진출 지원 ③ 민간투자 연계 ④ 창업벤처 지원 유관기관 연계	글로벌 역량을 갖춘 ICT 또는 ICT 기반 융·복합분야 중소기업	24.09	'24.2~3월	과학기술정보통신부 (정보통신산업기반과)	정보통신산업진흥원	해외진출
15	・데이터 활용 사업화 지원사업(DATA-Stars)	데이터를 활용한 고부가가치 서비스 및 혁신 비즈니스 모델을 발굴하여 경쟁력을 갖춘 혁신기업으로 성장토록 육성 및 지원	① 데이터 특화 컨설팅 ② 비즈니스 멘토링	창업 7년 이내 데이터 활용 기반 스타트업	12.3	'24.3월	과학기술정보통신부 (데이터진흥과)	한국데이터산업진흥원	
16	・에코스타트업 지원사업	녹색산업분야 유망 창업 아이템이 있는 예비창업자와 창업기업의	① 예비창업자 ② 창업기업(업력 7년 이내)	① 예비창업자 ② 창업기업(업력 7년 이내)	229	'24.1~2월	환경부 (녹색산업혁신과)	한국환경산업기술원 (녹색융합	

연번	사업명	사업개요	지원내용	지원대상	예산(억원)	사업공고일	소관 부처	전담(주관)기관	비고
		아이디어 기술의 사업화를 위한 성장 지원	③ 성장창업기업(업력 7년이내, 기투자이력 10~100억) ④ 39세 이하의 예비창업자 ⑤ 39세 이하가 대표인 3년 이내의 창업기업	③ 39세 이하의 예비창업자 ④ 39세 이하가 대표인 7년 이내의 창업기업				클러스터운영단)	
17	・대한민국 물산업 혁신창업 대전	전국민, 물기업이 참여하는 대한민국 물산업 혁신 아이디어 경진대회로 창업기업 발굴·지원을 통해 물산업의 저변을 강화하고 물산업 생태계 활성화 도모	① 사업화 지원금 ② 멘토링, 시제품 제작 ③ 해외진출 지원 등	예비창업자 및 7년 이내 창업기업	3	'24.6월	환경부 (물산업협력과)	한국수자원공사 (창업혁신부)	
18	・물드림 사업화지원	국가물산업클러스터 창업보육센터 입주기업의 사업성공률 제고 및 성장촉진	시제품제작, 컨설팅, 인증, 시험분석 등 사업화자금	국가물산업클러스터 창업보육센터 입주기업	1	'24.2월	환경부 (물산업협력과)	국가물산업클러스터사업단 (물산업진흥처)	
19	・예술기업 성장 지원	예술분야 성장단계별유형별 사업자금, 사업화 및 투자유치 등 자원 연계 지원	① 사업화 자금 ② 교육 및 컨설팅 ③ 민간재원 유치 등 외부자원 연계	창업 7년 이내 기업	73	'24.2월	문화체육관광부 (예술정책과)	예술경영지원센터 (기업육성팀)	청년지원창업사업
20	・스포츠산업 창업 지원	스포츠산업 초기 스타트업 육성 및 유망 스포츠 기업	① 기업지원금 ② 교육 및	예비창업자, 7년 미만 창업기업	105	'24.2월 예정	문화체육관광부	국민체육진흥공단	사회적기업

연번	사업명	사업개요	지원내용	지원대상	예산(억원)	사업공고일	소관 부처	전담(주관)기관	비고
		성장 촉진	컨설팅 ③ 시제품 제작 ④ 네트워킹				(스포츠산업과)	(창업일자리지원팀)	전담센터 운영
21	• 스포츠산업 창업중기(액셀러레이팅) 지원	전문창업기획자인 액셀러레이터를 통한 유망 스포츠기업의 투자유치 역량강화 및 초기·후속 투자 지원	① 기업지원금 ② 교육 및 컨설팅 ③ 투자 지원 ④ 네트워킹	7년 미만 창업기업(예비창업자 제외)	42	'24.2월 예정	문화체육관광부(스포츠산업과)	국민체육진흥공단(기업금융지원팀)	투자유치 역량강화 특화
22	• 콘텐츠 아이디어 사업화 지원	민간 창업지원기관 연계를 통한 예비창업 생태계 조성	① 사업화 자금 ② 컨설팅·멘토링	창업지원기관 및 콘텐츠 분야 예비창업자(팀)/창업 1년 이내 기업	13.6	'24.1~3월	문화체육관광부(문화산업정책과)	한국콘텐츠진흥원(기업육성팀)	
23	• 콘텐츠 초기창업 육성지원	콘텐츠 분야 민간 액셀러레이터와 스타트업 간 연계 지원을 통한 성장 지원	① 사업화 자금 ② 컨설팅·멘토링 ③ 투자유치 지원	민간 콘텐츠 액셀러레이터 및 콘텐츠 분야 초기 스타트업(창업 3년 이하)	48.2	'24.1~3월	문화체육관광부(문화산업정책과)	한국콘텐츠진흥원(기업육성팀)	
24	• 콘텐츠 창업도약 프로그램	창업 4~7년차 도약단계의 스타트업 대상 사업화 자금 및 스케일업 프로그램 지원(민간 투자기관 연계)	① 사업화 자금 ② 투자매칭 지원	콘텐츠 스타트업(창업 4~7년차)	46	'24.1~3월	문화체육관광부(문화산업정책과)	한국콘텐츠진흥원(기업육성팀)	
25	• 선도기업 연계 동반성장 지원(콘텐츠 오픈이노베이션)	선도기업과 유망 스타트업 연계를 통한 콘텐츠 사업모델 발굴 및 동반성장 지원	① 사업화 자금 ② 컨설팅·멘토링	창업 7년 이하 콘텐츠 스타트업(법인)	12	'24.2~3월	문화체육관광부(문화산업정책과)	한국콘텐츠진흥원(기업육성팀)	

연번	사업명	사업개요	지원내용	지원대상	예산(억원)	사업공고일	소관 부처	전담(주관)기관	비고
26	• 전통문화 청년창업 육성지원 사업	청년들의 전통문화산업 진입지원 및 분야 간 융합 촉진	① 사업화 자금 ② 교육·멘토링 ③ 프로모션(네트워킹, 유통채널 확대, 홍보 등)	전통문화산업*분야에서 창업하고자 하는 만39세 이하 예비창업자 및 39세 이하 3년이내 창업기업 대표자 *「문화산업진흥기본법」제2조제1호자목	35.7	'24.3~4월	문화체육관광부(전통문화과)	한국공예디자인문화진흥원(전통문화산업팀)	청년지원 창업사업
27	• 관광벤처사업 공모전	관광분야에 특화된 맞춤형 창업 교육, 사업화, 판로개척 지원 등	① 사업화 자금 ② 교육·컨설팅 ③ 협업·네트워킹 등	관광분야 예비창업자, 초기기업(~3년), 성장기업(3년~7년) 등	118.1	'24.2월	문화체육관광부(관광산업정책과)	한국관광공사(관광기업창업팀)	
28	• 관광 액셀러레이팅 프로그램	관광산업에 특화된 액셀러레이터와 연계한 사업화, 판로개척, 투자유치 지원 등	① 사업화 자금 ② 멘토링·컨설팅 교육 ③ 민간 투자연계 등	관광분야 초기기업(~3년)	30	'24.3월	문화체육관광부(관광산업정책과)	한국관광공사(관광기업육성팀)	
29	• 신사업창업 사관학교	전국에 소상공인 창업을 지원하는 플랫폼인 신사업창업사관학교를 설치·운영하여 신사업 등 유망 아이디어와 아이템을 보유한 소상공인의 준비된 창업 촉진	신사업 등 유망 아이디어와 아이템을 보유한 예비창업자를 선발하여 창업교육, 점포경영체험, 사업화 자금 지원	예비창업자	196.4	'24.2~3월	중소벤처기업부(소상공인성장촉진과)	소상공인시장진흥공단(창업지원실)	

연번	사업명	사업개요	지원내용	지원대상	예산(억원)	사업공고일	소관 부처	전담(주관)기관	비고
30	농식품 벤처육성지원	농식품 분야 창업지원을 위해 사업화 자금지원 및 투자유치·판로개척을 위한 특화프로그램 제공	사업화자금	농식품 분야 예비창업자 및 창업기업	131.3	'24.1월	농림축산식품부 (스마트농업 정책과)	한국농업기술진흥원 (벤처사업팀, 창업육성팀)	
31	농식품 기술창업 액셀러레이터 육성지원	농식품 분야에 전문성을 보유하고 투자하는 액셀러레이터 육성지원을 통해 농식품 기술창업기업의 성장과 투자유치 활성화	액셀러레이팅 프로그램, 투자유치 등	농식품 분야 예비창업자 및 창업기업	33	'24.3~4월	농림축산식품부 (스마트농업 정책과)	한국농업기술진흥원 (벤처사업팀)	
32	농식품 기술평가지원	농식품 분야 우수 기술에 대한 기술평가로 벤처·창업기업의 투자, 저리융자 등 기술금융 창출 여건 마련 지원	평가수수료 지원	농식품 분야 예비창업자 및 창업기업	2	상시접수	농림축산식품부 (스마트농업 정책과)	한국농업기술진흥원 (기술평가팀)	
33	농식품 판로지원	농식품 분야 벤처·창업기업의 판로확보 지원 및 유통채널 입점 지원	온라인매장 입점 지원	농식품 분야 창업기업	8.1	상시접수	농림축산식품부 (스마트농업 정책과)	한국농업기술진흥원 (창업육성팀)	
34	유망 창업기업 투자유치 지원사업	보건산업분야 창업기업에 현장 중심의 전문지원을 통하여 국내·외 투자유치 및 기술이전 활성화 등 성장 지원	투자유치 지원	보건산업 분야 10년 이내 창업기업	7.5	'24.3월	보건복지부 (보건산업 정책과)	한국보건산업진흥원 (보건산업육성단)	

연번	사업명	사업개요	지원내용	지원대상	예산(억원)	사업공고일	소관 부처	전담(주관)기관	비고
◇ 기술개발(R&D) (4건)									
1	창업성장 기술개발	성장 잠재력을 보유한 창업기업 기술개발 지원으로 기술창업 활성화 및 창업기업 성장 촉진	① 기술개발 지원	업력 7년 이하이며 전년도 매출액 20억원 미만의 창업기업	5,317	'24.1월	중소벤처기업부 (기술개발과)	중소기업기술정보진흥원 (스타트업사업실)	
2	공공기술기반 시장연계 창업탐색지원	대학의 연구실에서 나온 기초·원천 연구성과가 빠른 시간 내에 시장에서 활용될 수 있도록 'Lab to Market'형 실험실창업 교육 및 창업탐색 활동 지원	① 아이템검증 등 창업탐색교육 ② 시작품제작 등 창업보육	대학(원)생, 박사후연구원, 출연(연) 연구원 등으로 구성된 예비창업탐색팀	45	'24.1월	과학기술정보통신부 (연구성과일자리정책과)	과학기술사업화진흥원 (기술창업팀)	청년지원창업사업
3	딥사이언스 창업활성화 지원	미래유망혁신 기술에 대한 '과학적 탐구(기초연구)'와 '창업·사업화(시장혁신)'를 함께 지원하여 딥사이언스 분야에서 미래 신산업의 씨앗 창출	①창업준비·기획(예비창업팀 구축 및 BM개발) ②원천I기술 창출 등 R&D지원 및 창업기업 설립 ③시제품 제작·실증 등 R&D 및 초기성장 지원	대학 및 출연(연) 연구자, 엑셀러레이터, 예비창업자	20	'24.1월	과학기술정보통신부 (연구성과일자리정책과)	과학기술사업화진흥원 (기술창업팀)	신규사업
4	해양수산 기술창업 Scale-up 사업	先민간투자, 後정부매칭을 통해 성장가능성이 높은 창업기업의 기술개발 지원, 旣확보 R&D 성과의	민간투자-정부 협력형 R&D 도입 및 산·학·연 협업형 사업화 촉진을 위한	창업기업 및 사업화 가능 대학·출연연 등	46.50		해양수산부 (해양수산과학기술정책과)	해양수산과학기술진흥원 (신업정책실)	신규과제 없음

연번	사업명	사업개요	지원내용	지원대상	예산 (억원)	사업 공고일	소관 부처	전담(주관) 기관	비고
		고도화 및 기술이전을 통한 창업 촉진	해양수산 특화 지원 필요성이 증대함에 따라 체계적·안정적 지원체계 확보를 위한 연구개발비 지원						

◇ 시설·공간·보육 (7건)

연번	사업명	사업개요	지원내용	지원대상	예산 (억원)	사업 공고일	소관 부처	전담(주관) 기관	비고
1	메이커 활성화 지원	국민 누구나 창의적 아이디어를 구현할 수 있는 공간 "메이커 스페이스"를 구축·운영하여 시제품 제작 등 제조창업 촉진 및 메이커 저변 확대	① 기존 선정된 메이커 스페이스 운영 지원('24년 기준, 104개 내외) ② 메이커 스페이스 운영 역량을 갖춘 3개 이상의 법인 간 연계 협업 (컨소시엄)으로 전문 메이커 활동 및 제조창업을 촉진하는 프로그램 지원 (5개팀 내외)	민간, 공공기관, 단체 등 법인 ('24년 기준 중기부 선정 지원 중인 메이커 스페이스 제외)	211.3	'24.1월	중소벤처 기업부 (창업생태계 과)	창업진흥원 (창업교육실)	
2	중장년 기술창업센 터 지원사업	중장년 예비 창업자를 대상으로 창업자 발굴, 네트워킹 창업교육 및 보육 프로그램 전 주기 지원	① 입주공간 지원 ② 교육지원, 전문가	만 40세 이상 예비창업자	33.18	연중 수시	중소벤처 기업부 (창업생태계 과)	창업진흥원 (지역창업실)	

연번	사업명	사업개요	지원내용	지원대상	예산 (억원)	사업 공고일	소관 부처	전담(주관) 기관	비고
			멘토링, 네트워킹 ③ 사업화 연계 등						
3	창업존	Data, Network, AI 등 미래 신산업 분야 스타트업을 발굴하여 입주공간, 맞춤형 보육프로그램 등을 제공함으로써 창업기업의 글로벌 진출 등 스케일업을 집중 지원	보육공간 제공(판교), 보육프로그램 운영, 인프라 시설지원 등	예비창업자, 창업기업(7년 이내)	44.8	연중 수시	중소벤처 기업부 (창업생태계 과)	창업진흥원 (지역창업실), 경기창조경제 혁신센터 (창업존팀)	
4	창조경제혁 신센터	지역별 창업 허브인 전국 17개 창조경제혁신센터를 통해 스타트업과, VC·AC간 네트워킹, 투자설명회 등을 통한 투자연계, 대·중견기업과의 다양한 개방형혁신 활동 등을 지원	멘토링, 창업교육, 투자설명회, 지역 창업자·기업 간 네트워킹, 마케팅·판로개척, 글로벌진출 등	예비창업자, 창업기업(7년 이내)	363.7	연중 수시	중소벤처 기업부 (창업생태계 과)	창업진흥원 (지역창업실)	
5	창업보육센 터 지원사업	대학·연구소 등을 창업보육센터로 지정하여 지역내 (예비)창업자에게 사업공간, 경영·기술 자문 등 보육서비스 제공으로 창업기업의 안정적인 성장을 지원	① 사업공간 지원 ② 교육, 멘토링, 네트워킹 등 보육서비스 지원 ③ 사업화·자금 연계 등	창업보육센터 입주기업(예비창업 자 포함)	84.7	연중 수시	중소벤처 기업부 (창업생태계 과)	한국창업보육 협회	
6	스타트업 파크	스타트업이 대기업, 대학·연구기관, VC 등과 자유롭게 소통·교류하며	1차년도 설계비 5억원, 2차년도 이후 건축비	광역자치단체(민간 과 컨소시엄 구성 필수)	35	'24.4월	중소벤처 기업부 (창업생태계	창업진흥원 (지역창업실)	

연번	사업명	사업개요	지원내용	지원대상	예산(억원)	사업공고일	소관 부처	전담(주관)기관	비고
		성장할 수 있도록 혁신창업 클러스터 조성	121억원 (지방비는 국비 지원금 이상 매칭)				과)		
7	·혁신창업멤버스	사업장 확보에 어려움이 있는 바이오헬스분야 예비 창업자 및 초기창업기업을 대상으로 사무공간 제공, 비즈니스 네트워크 연계를 통하여 스타기업 발굴·육성	사무공간제공, 연계프로그램 등	예비창업자 및 3년 이내 초가창업기업	-	'24.2월	보건복지부 (보건산업정책과)	한국보건산업진흥원 (보건산업육성단)	

◇ 멘토링·컨설팅·교육 (17건)

연번	사업명	사업개요	지원내용	지원대상	예산(억원)	사업공고일	소관 부처	전담(주관)기관	비고
1	·청소년 비즈쿨	청소년을 대상으로 기업가정신 함양 및 모의 창업교육을 통해 '융합형 창의인재' 양성	① 비즈쿨학교 지정·운영 ② 비즈쿨 캠프 체험교육, 비즈쿨 교육 등	전국 초·중·고등학교 및 대안학교, 학교밖 센터	63.95	'24.2월	중소벤처기업부 (청년정책과)	창업진흥원 (창업교육실)	청소년
2	·창업교육 혁신 선도대학 (SCOUT)	대학내 창업 친화적 제도 확산 및 창업 교육 활성화	대학 창업교육 및 지역 특성화 프로그램 운영 등	일반대학/전문대학	59.98	'24.2월	교육부 (산학협력취창업과)	한국연구재단	
3	·학생창업팀 육성	창업경진대회를 통해 유망 학생창업팀을 발굴	창업교육 및 전문가 멘토링,사업고도화 지원금 등	전국 초·중·고교, 대학(원) 소속 학생 및 학교 밖 청소년 & 예비 창업팀 또는 창업 3년 이내	21.33	'24.2월	교육부 (산학협력취창업과)	한국연구재단 (한국청년기업가정신재단)	
4	·K-Global 창업멘토링 (ICT 혁신기업 멘토링)	선배 벤처기업인들의 경험과 노하우로 창업가의 기술·경영 애로사항 등을 진단하고 해결 방안을 제시하여 ICT 창업기업 성장 지원	①멘토링 ②실전창업교육 ③투자유치 역량강화 ④홍보 지원	ICT, 4차 산업혁명 분야 예비창업자(팀) 및 창업기업 대표자	24.02	'24.1월, 6월	과학기술정보통신부 (정보통신산업기반과)	정보통신산업진흥원 ((재)한국청년기업가정신재단(K-ICT창업멘토링센터))	
5	·지식재산기반 차세대영재 기업인 육성사업	창의성이 뛰어난 소수정예의 발명영재(중학생)를 선발하여 미래 신성장 산업을 창출할 지식재산기반 영재기업인으로 육성	① 차세대 리더에게 필요한 핵심역량 함양 위해 지식재산 외 기업가정신, 인문학 등 2년간 온·오프라인 집중교육 실시	중학교 1~3학년 또는 그에 준하는 연령(만13~15세)의 청소년	16.7	'24.9월	특허청 (산업재산인력과)	KAIST, POSTECH (한국발명진흥회 창의발명교육연구실)	청소년
6	·IP디딤돌 프로그램	예비창업자의 우수 아이디어를 지식재산 기반 사업 아이템으로 고도화 하고 창업까지 연계될 수 있도록 맞춤형 IP컨설팅 지원	창업 아이디어 단계부터 특허 컨설팅을 통해 IP권리화 및 사업아이템 도출	예비창업자	21	연중수시접수	특허청 (지역산업재산과)	한국발명진흥회 (지역지식재산실)	
7	·IP나래 프로그램	창업 기업이 지식재산(IP) 역량강화를 통해 시장에서 경쟁력을 높이고 지속 성장 가능한 기업이 되도록 기업 맞춤형 IP기술·경영 컨설팅 지원	IP기술·경영 융복합 컨설팅 집중 지원	창업 7년 이내 중소기업 또는 전환창업 5년 이내 중소기업	60	'23.2월, 5월 (연2회)	특허청 (지역산업재산과)	한국발명진흥회 (지역지식재산실)	
8	·해양수산 인큐베이팅 지원 사업	해양수산 전문 창업기획자(액셀러레이터)를 통해 해양수산 분야 유망 창업기업을 발굴하고 기업 성장단계별 맞춤형 보육	창업기획자가 예비창업자·기업에게 지원 및 창업기획자 자체 자금을 선발기업에	해양수산 예비 창업자 및 초기 창업기업	31.60	'24.2월	해양수산부 (해양수산과학기술정책과)	해양수산과학기술진흥원 (창업투자팀)	-

연번	사업명	사업개요	지원내용	지원대상	예산 (억원)	사업 공고일	소관 부처	전담(주관) 기관	비고
		프로그램 운영 및 사업화 자금 지원	의무적으로 투자 지원, 멘토링 등						
9	· 해양수산 창업콘테스트	해양수산 과학기술 등을 활용한 해양수산분야 예비창업자 및 창업기업의 발굴·지원으로 해양수산업 성장 기반 구축	해양수산분야 우수 창업 아이템을 제안한 11팀을 최종 선정하여 장관상(6점), 원장상(5점) 및 포상금(총 3,500만원) 수여	사업화 부문(창업 7년 이내 기업) 아이디어 부문 일반부(전 국민) 학생부(대학원생 이하)	2.50	24.6월	해양수산부 (수산정책과)	해양수산과학 기술진흥원 (창업투자팀)	-
10	· 공간정보 창업기업 컨설팅	공간정보 활용 융·복합 창업기업에 대한 맞춤 컨설팅을 통해 비즈니스 모델 설계 및 개선 등 조속한 초기 안정과 성공률 제고	① 1:1 맞춤 컨설팅 실시	창업 7년 이내 기업	0.35	'23.4월	국토교통부 (공간정보 진흥과)	공간정보 산업진흥원 (산업진흥처)	
11	· 공간정보 창업기업 법률자문 지원	공간정보 활용 융·복합 창업기업의 지식재산권 출원·등록, 투자 및 근로계약, 규제샌드박스 등 각종 법률문제 해결 지원	① 창업 관련 전문 로펌과 1:1 법률 상담 지원	창업 7년 이내 기업	0.12	'23.5월	국토교통부 (공간정보 진흥과)	공간정보 산업진흥원 (산업진흥처)	
12	· 공간정보 창업기업 시장성 TEST	공간정보 활용 융·복합 창업기업의 신기술, 아이디어, 제품 및 서비스 등에 대한 시장성 검증 기회 제공을 통한 기업 경쟁력 강화	① 시장성 검증 기회 제공	창업 7년 이내 기업	0.30	'23.7월	국토교통부 (공간정보 진흥과)	공간정보 산업진흥원 (산업진흥처)	
13	· 농식품 크라우드펀딩	크라우드펀딩 전·후 지원을 통한 농식품 기업의 자금	컨설팅 및 수수료 비용	농식품 분야 예비창업자 및	6	'24.2월	농림축산식품부	농업정책보험 금융원	

연번	사업명	사업개요	지원내용	지원대상	예산 (억원)	사업 공고일	소관 부처	전담(주관) 기관	비고
		활성화	조달 부담 최소화 지원, 현장코칭 등	창업기업			(스마트농업 정책과)	(투자지원부)	
14	· 농식품 벤처창업 인턴제 사업	농식품 분야 벤처·창업기업에서의 실습을 통해 청년 예비창업자의 경영, 마케팅, 제품기술 등 현장 실무지식 습득 지원	인턴지원금, 창업교육 및 멘토링, 국내외 연수 등	농식품 분야 예비창업자 및 창업기업	3	'24.3월	농림축산식품부 (스마트농업 정책과)	한국농업기술 진흥원 (벤처사업팀)	
15	· 농식품 벤처창업센터	농산업·식품 분야 기술을 보유한 (예비)창업자를 대상으로 맞춤형 창업지원을 통한 창업성공률 제고 및 일자리 창출	상담 및 창업지원 연계	농식품 분야 예비창업자 및 창업기업	37.4	상시접수	농림축산식품부 (스마트농업 정책과)	전국 농식품벤처창 업센터	
16	· 특허전략 컨설팅 지원사업	보건의료 연구개발의 경쟁력 있는 지재권 확보 및 실용화 연계를 통한 연구 성과의 활용·확산 촉진 및 창업기업 기술경쟁력 강화	특허논문 분석, 해외출원 전략 등	보건의료 분야 10년 이내 창업기업 (기술성숙도 1~2단계)	8	'24.2월	보건복지부 (보건산업 정책과)	한국보건산업 진흥원 (보건산업육성 단)	
17	· 인·허가 컨설팅 지원사업	보건산업분야 유망기술의 사업화를 위한 전문 인·허가 컨설팅 지원을 통해 기술 및 제품의 시장 진출 촉진	인·허가 프로세스, 인증취득 컨설팅 등	보건의료 분야 10년 이내 창업기업 (기술성숙도 3~7단계)	8	'24.2월	보건복지부 (보건산업 정책과)	한국보건산업 진흥원 (보건산업육성 단)	
◇ 행사·네트워크 (7건)									
1	· 컴업(COME UP)	K-스타트업 생태계를 전 세계에 소개하고, 글로벌	국내 우수 스타트업이 해외	국내·외 스타트업	29.2	'24.上 (미확정)	중소벤처 기업부	창업진흥원 (글로벌창업	

연번	사업명	사업개요	지원내용	지원대상	예산 (억원)	사업 공고일	소관 부처	전담(주관) 기관	비고
	2024	스타트업, VC, 창업관계자 등 글로벌 창업생태계와 교류하며 협력을 강화하는 기회의 장 마련	유망한 VC 및 창업생태계 관계자를 통해 투자유치를 받을 수 있도록 다양한 프로그램 운영				(창업정책과)	협력실)	
2	·민관협력 오픈 이노베이션 지원	오픈이노베이션(OI) 플랫폼을 통해 대기업 등과 창업기업간 상생협력의 개방형 파트너십을 유도하고 협업체계 구축 지원	행사·네트워크	중소기업창업 지원법상 (예비)창업기업	111.43	'24.3월	중소벤처 기업부 (기술창업과)	창업진흥원 (민관협력창업 실)	
3	·도전! K-스타트업	부처 합동 창업경진대회를 개최하며, 우수한 창업 아이템을 보유한 유망 (예비)창업팀을 발굴·포상하여 대한민국 親창업 분위기 조성 등 창업저변을 확대	① 시상(대통령상, 국무총리상, 장관상 등) ② 상금 ③ 창업지원사업 후속연계	예비창업자 또는 3년 이내 창업기업 대표자	21.15	'24.1월	중소벤처 기업부 (기술창업과)	창업진흥원 (글로벌창업협 력실)	
4	·W-스타트업 어워즈	(예비)여성 창업자들의 창의적이고 우수한 창업아이템을 조기에 발굴·육성하고, 여성의 창업분위기를 조성하여 적극적인 창업을 지원하기 위한	①시상 및 상금 ②투자유치 연계	여성예비창업자, 창업 3년 이내 여성창업기업	8	'24.1월	중소벤처 기업부 (기업환경 정책과)	(재)여성기업종 합지원센터 (창업지원팀)	여성창 업지원 사업

연번	사업명	사업개요	지원내용	지원대상	예산 (억원)	사업 공고일	소관 부처	전담(주관) 기관	비고
		경진대회를 개최, 시상							
5	·원자력 혁신 및 창업 경진대회	대학(원)생 및 (예비)창업자에게 원자력/방사선 분야 기술사업화에 적극적인 관심을 갖도록 유도하여, 스타트업 창업 지원	시상 및 상금, 창업멘토링, TIPS 추천 기회 등	예비 창업팀 및 3년 이내 창업기업	1.5	'24.4월	과학기술 정보통신부 (원자력연구 개발과)	한국원자력협 력 재단 (미래인재전략 부)	
6	·환경창업대 전	대국민 참여형 공모를 통하여 환경문제 해결 등 유망 창업아이템을 발굴·지원하여 녹색산업 혁신성장 지원	① 상금/시상 ② 멘토링 ③ 통합부처대회 참가지원 등	① 예비창업자 ② 창업기업(업력 7년 이내)	4	'24.3월	환경부 (녹색산업혁 신과)	한국환경산업 기술원 (녹색융합클러 스터운영단)	
7	·농식품 창업콘테스 트	농식품 분야 우수한 벤처창업 기업을 발굴하고 제품 홍보 및 투자유치 기회를 제공하여 창업 붐 조성	시상 및 후속지원	농식품 분야 예비창업자 및 창업기업	5.4	'24.5월	농림축산식 품부 (스마트농업 정책과)	한국농업기술 진흥원 (벤처사업팀)	
◇ 융자·보증 (2건)									
1	·창업기반지원 자금	기술력과 사업성은 우수하나 자금이 부족한 창업 초기 중소벤처기업의 창업을 활성화하고 고용 창출을 도모	융자 지원	「중소기업창업 지원법」제3조에 따른 창업자, 업력 7년 미만 중소기업	19,458	'23.12월	중소벤처 기업부 (기업금융과)	중소벤처기업 진흥공단	
2	·재창업자금	원활한 재도전을 통한 도전적인 창업 생태계 조성을 위해 성실한 실패기업인에 대하여 재창업에 필요한 자금 융자	① 융자기간 : (시설) 10년 이내(거치기간 4년 이내 포함) (운전) 6년	예비재창업자 및 업력 7년 미만 재창업 기업	1,000	'23.12월	중소벤처 기업부 (창업정책과)	중소벤처기업 진흥공단 (재도약성장처)	재창업

연번	사업명	사업개요	지원내용	지원대상	예산(억원)	사업공고일	소관 부처	전담(주관)기관	비고
			이내(거치기간 3년 이내 포함) ② 융자한도: (시설) 잔액기준 60억원 이내(지방 70억원 이내) (운전) 연간 5억원 이내 ③ 융자금리: 정책자금 기준금리('23년 4분기: 2.90%)						

◇ 인력 (1건)

연번	사업명	사업개요	지원내용	지원대상	예산(억원)	사업공고일	소관 부처	전담(주관)기관	비고
1	• 스타트업 AI 기술인력 양성 (이어드림스쿨)	혁신 벤처·스타트업이 필요로 하는 인공지능 실무교육 제공 및 취·창업 연계지원	① 인공지능 특화교육 ② 취·창업 연계지원	만 39세 이하의 청년(학력·전공 무관)	27	'24.1월	중소벤처기업부(청년정책과)	중소벤처기업진흥공단(창업지원처)	청년특화취창업지원

◇ 글로벌 진출 (14건)

연번	사업명	사업개요	지원내용	지원대상	예산(억원)	사업공고일	소관 부처	전담(주관)기관	비고
1	• 창업성공 패키지 (글로벌창업사관학교)	우수한 사업화 아이디어를 보유한 D.N.A(Data, Network, AI) 분야 (예비)창업자에게 글로벌 수준의 기술교육·보육을 제공하여 글로벌 혁신기술 스타트업으로 육성	① 사업화 자금 ② 해외진출 특화프로그램 ③ 글로벌 액셀러레이팅	청년창업사관학교 우수 졸업기업 등 (창업 7년 이하)	138.6	'24.1월 중순	중소벤처기업부(청년정책과)	중소벤처기업진흥공단(창업지원처)	해외진출
2	• 스타트업 AI 기술인력 양성 (해외인력 취업매칭)	SW분야 개발 인력을 공급하여 벤처스타트업의 개발인력 구인난 심화현상을 해소하고, 해외 청년 기술 인력들에 대한 인재양성 지원	① SW 실무인력 양성 교육 ② 취·창업 연계지원	베트남 SW 관련학과 대학생(졸업예정자) 등	16	'24.1월	중소벤처기업부(청년정책과)	중소벤처기업진흥공단(창업지원처)	해외인력육성지원
3	• 글로벌 기업 협업 프로그램	신산업분야 글로벌 선도기업과 협업하여 창업기업의 스케일업 및 글로벌시장 진입기회 마련	① 사업화 자금 ② 주관기관 특화 프로그램 ③ 글로벌 기업 지원 프로그램	혁신기술을 보유한 업력 7년 이내 창업기업 *일부 10년이내	430	'24.2월	중소벤처기업부(기술창업과)	창업진흥원(민관협력창업실)	해외진출
4	• 스타트업 해외전시회 지원	국내 스타트업 정책을 대표하는 'K-STARTUP' 브랜드를 활용하여 국가통합관 조성하여 전시회에 참여하는 혁신 스타트업의 브랜드 가치 제고 및 적극 홍보지원	해외전시회 부스 임차, 전시회 참가비, 사전교육, 비즈니스 매칭 지원 등	7년 이내 창업기업 중 각 전시회별 지원요건을 충족하는 자	16	'24.2월 (미정)	중소벤처기업부(기술창업과)	창업진흥원(글로벌창업협력실)	해외진출
5	• K-스타트업 그랜드 챌린지	해외 우수 스타트업에 분야별 전문 액셀러레이팅 제공 후 우수팀 선발 및 후속 지원	① 액셀러레이팅 ② 비자 발급 지원 ③ 정착지원금	외국 국적을 보유한 예비창업자 및 7년 이내 창업기업	60	'23.4월	중소벤처기업부(기술창업과)	창업진흥원(글로벌창업협력실)	외국인
6	• 글로벌 스타트업 육성	해외 진출을 희망하는 창업기업의 글로벌 진출 가능성을 타진하고 글로벌 기업으로서 경쟁력 함양 유도	① 해외 액셀러레이팅 프로그램 ② 글로벌 기업과의 실증 지원 ③ 해외진출자금	해외진출을 희망하는 7년이내 창업기업	99.2	'24.3월	중소벤처기업부(기술창업과)	창업진흥원(글로벌창업협력실)	해외진출

연번	사업명	사업개요	지원내용	지원대상	예산(억원)	사업공고일	소관 부처	전담(주관)기관	비고
7	K-스타트업 센터 사업	미국, 프랑스 등 7개국에 진출할 국내 스타트업을 대상으로 현지 액셀러레이팅 프로그램, 입주공간 및 특화 멘토링 제공	① 해외 액셀러레이팅 프로그램 ② 특화 멘토링 ③ 입주공간 제공 ④ 해외진출자금	국내외 투자유치 또는 현지매출(수출) 실적이 있는 7년이내 창업기업	154.4	'24.3월	중소벤처기업부 (기술창업과)	창업진흥원 (글로벌창업협력실) 중소벤처기업진흥공단 (글로벌협력처)	해외진출
8	K-스카우터	한국에 진출하려는 해외 창업기업을 발굴 및 유치하고 국내 정착을 지원	① 활동비, 멘토비 등	공공기관, 대학, 민간기관(단체) 등	6	미정	중소벤처기업부 (기술창업과)	창업진흥원 (글로벌창업협력실)	외국인
9	글로벌 스타트업 센터	우수 해외 인재의 비자창업 등을 종합 지원하고 핵심 네트워크 거점으로서 운영	① 창업시 필요한 바우처 제공 ② 비자 발급 지원 ③ 네트워킹 프로그램 운영	외국 국적을 보유한 예비창업자 및 7년 이내 창업기업	15	상시지원 ('24.6월 개소예정)	중소벤처기업부 (기술창업과)	창업진흥원 (글로벌창업협력실)	외국인
10	K-Global 해외진출 지원사업 (글로벌 창업 활성화 기반 조성)	글로벌 시장에서의 성과 창출이 기대되는 ICT 혁신 기술 기업을 선발하여 글로벌 비즈니스 영역 확장 및 지속적인 성장 지원	① 경영컨설팅 (내/외부) ② PMF 컨설팅 ③ 해외IR ④ 데크매칭 ⑤ 교육 세미나 ⑥ 보육공간	해외진출 희망 ICT 융합기술(Data, Network, AI, 5G 등) 보유 기업	57.63	'24.1월 ~ (수시)	과학기술정보통신부 (정보통신산업기반과)	정보통신산업진흥원 ((재)글로벌디지털혁신네트워크)	
11	DNA 융합 제품·서비스 해외진출 지원사업	AI 등 미래 디지털 기술 보유 국내 기업의 현지 안착과 지속가능한 파트너십 형성, 후속 사업 기회 발굴에 적합한 조인트벤쳐(JV, Joint Venture)형 해외 진출 지원	① 현지 파트너십 발굴 지원 ② 신규 합작법인 설립 전문컨설팅 및 사업개발 등 지원 ③ 설립완료기업 후속 컨설팅 및 사업개발 등 지원	AI 등 미래 디지털 혁신 기술 보유 기업으로 JV 추진을 희망하거나 이미 추진 중인 기업	16.0	'24.1월 ~	과학기술정보통신부 (정보통신산업기반과)	정보통신산업진흥원 ((재)글로벌디지털혁신네트워크)	
12	창업이민 인재양성프로그램 (OASIS)	법무부, 중소벤처기업부에서 공동으로 지정하는 '글로벌창업이민센터'에서 운영하는 표준화된 창업교육 프로그램	① 지식재산권 소양교육 ② 창업코칭 및 멘토링 ③ 창업공간 제공 ④ 사업화 지원 등	국내 기술창업 희망 외국인	10.4	'24.2월	법무부 (체류관리과), 중기부	글로벌창업이민센터 (한국생산성본부, 한국발명진흥회, 서울경제진흥원, 서울글로벌센터, 정보통신산업진흥원, 창업진흥원)	외국인
13	선도기업 연계 해외진출 지원	선도기업 인프라, 네트워크 등을 활용한 콘텐츠 스타트업 해외진출 프로젝트 지원	① 사업화 자금 ② 컨설팅·멘토링	창업 7년 이하 콘텐츠 스타트업(법인)	10	'24.3~4월	문화체육관광부 (문화산업정책과)	한국콘텐츠진흥원 (기업육성팀)	해외진출
14	관광 글로벌 선도기업 육성	관광분야 벤처기업의 해외 판로개척, 해외 진출 컨설팅, 투자유치 지원 등	① 사업화 자금 ② 멘토링·컨설팅 교육 ③ 후속투자유치 지원	관광분야 혁신기술 보유 중소기업	74.9	'24.3월	문화체육관광부 (관광산업정책과)	한국관광공사 (관광기업육성팀)	

2024년 정부의 창업지원 통합 공고 지원 규모는 3조 7,121억 원으로, 2022년 3조 6,607억 원 대비 514억 원이 증가한 역대 최고치를 기록하였습니다. 정부의 창업지원 예산은 일자리 창출, 기술창업 활성화라는 정책적 중요성에 따라 매년 증가하고 있다.

2021년부터는 창업지원이 그간 중앙부처 중심에서 광역지자체까지 대상을 확대하였고, 2022

년부터는 기초지자체까지 대상을 확대하였다.

기관별로는 창업지원 계획을 살펴보면 중앙부처는 99개 부처에서 397개 사업 3조 7,121억 원을 지원할 계획이다. 스타트업 육성 전담부처인 중기부가 27개 사업 3조 4,038억 원으로 가장 높은 비중을 차지하였고, 다음으로는 문화체육관광부 12개 사업 609억 원, 과학기술정보통신부 9개 사업 217억 원 순이다.

지역별 맞춤형 창업지원에는 서울시의 <사회적 경제문화예술 청년 창업지원 프로젝트> <송파 청년창업도전 프로젝트> <관악S밸리 스타트업 스케일업> 등의 사업이 있고, 부산은 <부산 창조경제혁신센터 지원 에이스스텔라 육성 지원 사업> <창업기업 스타일테크 지원사업>, 경기 <경기도 기술창업 재도전 지원> <경기도 민간투자연계형 기술창업지원> 등 132개 사업이 준비되어 있다.

서울시가 강동구, 마포구 등 기초지자체 13개 기관과 함께 33개 사업을 통해 385억원(25.5%)을 지원한다. 그리고 경기도(12개 기관, 41개 사업, 153억원(10.2%)), 경상남도(8개 기관, 30개 사업, 107억원(7.1%)), 부산시(4개 기관, 23개 사업, 106억원(7.0%)), 광주시(4개 기관, 14개 사업, 105억원(7.0%)) 순으로 많은 예산을 투입하여 지원한다.

지원 유형별로는 융자·보증금 지원이 2조 546억원으로 가장 높은 비중(55.3%)을 차지하고, 이어서 창업 사업화 지원 7,931억 원, 기술개발 지원 5,442억 원, 시설 및 보육 지원 1,341억원, 글로벌 진출 지원 1,138억 원 순이다.
예산이 가장 많이 증가한 단일사업으로는 민관이 공동으로 유망창업기업을 발굴하여 지원하는 팁스프로그램으로, 전년대비 933억원이 늘었다.
또한 창업기업의 해외진출과 해외인재의 국내 창업 활성화를 위한 지원사업이 전년도에 비해 8개 많아지고 예산도 273억원 증가하였다. 더불어 재도전 활성화를 위해 재창업 융자자금을 250억원 증액('23년 750억원 → '24년 1,000억원) 하였다.

청년 창업에서는 청년이 생각(아이디어)만을 가지고도 쉽게 창업에 도전할 수 있는 기반을 확충한다. 창업지원 역량이 우수한 대학으로 지정된 '창업중심대학'은 750개사, 675억원의 규모로 창업사업화 자금과 대학별 특화프로그램을 제공하고, 생애최초로 창업에 도전하는 청년 예비창업자에게 사업화 자금·교육·사업(멘토링) 등을 지원하는 생애최초 청년창업 지원사업은 78명, 51.34억원을 지원한다.[33]

나) 창업지원사업 추진의 문제점

첫째, 앞서 살펴본 바와 같이 다양한 창업지원사업이 여러 부처와 시·도에서 추진되고 있으나, 수요자 입장에서는 복잡·다기하고, 중앙부처 간, 중앙과 지방 정부 간 협조체제가 유기적으로 이루어지지 못함에 따라, 국가 전체적으로 창업지원사업 추진에 따른 비효율성이 발생할 수

---
[33] 2024년 창업지원사업 통합공고, 중소벤처기업부

있다고 할 수 있다.

둘째, 창업지원사업이 보다 큰 효과를 발휘하기 위한 지원사업 간 유기적 연계가 중요하나, 특히 사업추진 프로세스 간 연계가 미흡한 실정이라고 할 수 있다. 창업동아리 등 창업교육사업과 창업보육사업, 창업 이후 멘토링·컨설팅사업, 정책자금 지원사업 간 연계가 원활하게 이루어지지 못하는 측면이 있다.

특히 대부분의 창업기업들은 기업경험 부족 등으로 멘토링·컨설팅 지원을 필요로 하고 있으나, 창업기업 성장단계에 부응한 멘토링·컨설팅의 연계 지원이 미흡하다는 문제점이 지적되고 있다.

셋째, 창업지원사업 추진에 따른 실효성 제고를 위해서는 수요자 지향적으로 사업을 추진해야 하나, 많은 사업들이 공급자 위주로 추진되는 경향이 있다. 창업교육의 경우, 선진국에서는 Maker 창업(Learning by Making)이 대세를 이루고 있음에 비해, 우리나라는 주입식·성공기업가 사례 강의 중심의 창업교육이 이루어지고 있다.

창업정책자금의 경우, 투융자복합금융 및 투자연계형 보증에 대한 수요가 증가하고 있음에도 불구하고 융자(보증) 위주의 지원이 이루어지고 있다. 기술창업을 활성화하기 위해서는 산업단지 소재 대·중소기업에서 스핀오프(Spin-off) 방식의 창업 촉진을 위한 BI(Business Incubator) 확충이 필요하나, 여전히 대학 중심으로 BI가 운영되고 있다.

넷째, 창업지원사업들이 효율적으로 추진되고 고용창출 등의 성과를 발휘할 수 있도록 하기 위해서는 관련 지원사업 추진에 따른 평가 및 모니터링, 그리고 피드백 기능이 제대로 이루어져야 한다. 그러나 수많은 창업지원사업이 경쟁적으로 추진됨에 비해 정책평가가 제대로 이행되지 못하는 실정이다. 해당 부처별로 창업 관련 지원사업을 평가하고 있으나, 전문성을 갖고 객관적·합리적으로 평가하여 개선책을 제시하지 못할 뿐만 아니라 모니터링 기능도 제대로 작동하지 못하고 있는 실정이다.

정부는 청년창업을 권장하며 창업자금 지원부터 각종 교육과 멘토링 제공 등 다양한 정책을 펼치고 있다. 하지만 이러한 프로그램의 실효성은 제대로 검증되지 않았다. 정부의 청년창업 지원 프로그램에 참가 중인 예비 창업자는 "몇 번의 시도 끝에 정부의 창업지원 사업에 합격했다. 합격하면 지원금을 받을 수 있기 때문에 계속해서 지원했다"면서 "정부사업은 지원금을 받는 것 외에는 크게 도움되는 게 없다. 필수교육 등이 있지만 대부분이 자리만 채울 뿐 제대로 교육에 참여하지 않는다"고 말했다.

양현봉 산업연구원 선임연구위원은 "정부가 지난 10년 이상 청년창업에 예산을 투입하고 있지만 그만큼 성과가 나오지 않는다."면서 "청년을 타깃으로 하는 정책을 강조할 게 아니라 실질 성과를 낼 수 있는 방향으로 가야 한다. 보여주기식 정책이 많다"고 지적했다. 그는 "일례로 정부의 창업강좌가 1만 개 이상이라고 홍보하는데 이런 강좌들이 실효성이 있는지 의문이다. 정책을 만드는 일도 중요하지만 정책이 실효성 있는지 점검할 필요가 있다"고 설명했다.

정부의 창업지원 예산이 한쪽으로 쏠려 있다는 점도 지적된다. 한국과학기술기획평가원 부연구위원은 "정부 창업예산 중 상당수가 예비·초기 창업 단계에 집중돼 있다. 사업의 숫자나 예산 등에서 큰 차이를 보인다. 다른 단계의 지원을 조금씩 강화하려는 움직임이 있지만 아직 부족한 점이 많다"고 분석했다.

창업 3~7년 차는 창업가들 사이에서 '죽음의 계곡'이라 불릴 정도로 힘든 시기로 꼽힌다. 한 청년사업가는 "창업 1년 후까지의 성과를 갖고 인정받기는 힘들다. 대부분의 창업가들이 3년을 넘기는 게 고비라고 말한다. 그 시기에 도움을 받을 수 있다면 사업이 안정적으로 지속될 수 있는데, 그게 어려워 폐업하는 경우가 상당히 많다"고 말했다.

신 부연구위원은 정부의 창업지원 예산이 초기에 집중된 이유를 단기적 성과에 치중하기 때문이라고 설명했다. 그는 "성과를 빨리 보여주려다 보니 단기간에 결과가 나오는 투자에 집중했다"며 "때문에 기술력이 높고 지속적 투자가 필요한 분야보다는 간단한 아이디어로 반짝 성과를 낼 수 있는 사업에 대한 투자가 많다. 이 경우 성과가 빨리 나올 수 있지만 반대로 실패도 빠르다"고 설명했다.[34]

3) 창업정책의 실효성 제고 방안

일자리 창출이 중요한 국정과제로 부각되면서 중앙정부뿐만 아니라 지방정부에서도 창업 촉진을 위해 다양한 지원사업을 마련하여 추진해오고 있다. 향후 창업정책 추진을 위한 재정지원은 단기적으로는 창업의 저변 확충 및 창업활성화에 기여하고, 중장기적으로는 질 좋은 일자리 창출과 지식기술기반산업 중심의 국내 산업구조 개편에 부응할 수 있는 방향으로 설정되어야 할 것이다.

이를 위한 창업정책의 실효성 제고 방향은 선순환 창업생태계가 조성되도록 하되, 몇 가지 방향성을 갖고 추진해야 할 것이다. 첫째, 창업기업에 대한 직접적 재정지원 위주 정책에서 창업인프라 확충, 민간 부문의 활력(액셀러레이터 등) 도입 등을 통한 창업생태계 조성을 통해 창업기업의 자생력을 높일 수 있도록 해야 한다. 정부 주도의 공급자 중심 창업지원에서 향후에는 창업환경 조성 및 창업기업 수요에 부응한 정책으로 전환할 필요가 있다.

둘째, 창업지원에 따른 효율성·효과성이 제고될 수 있는 제도적 장치를 구축하는 데에 역점을 두어야 할 것이다. 창업정책에 대한 체계적인 계획(수립)·추진·평가 시스템 구축과 함께 부처 간,중앙·지방정부 간 창업지원사업의 연계 강화 등을 통해 창업정책의 실효성이 제고될 수 있도록할 필요가 있다.

셋째, 고비용(High cost)-고위험(High risk) 창업에서 향후 저비용(Low cost)-저위험(Low risk) 창업이 이루어지도록 함과 아울러, 지식·기술창업 촉진을 위해 청년창업과 함께 대·중소기업發 스핀오프(Spin-off) 창업이 활성화될 수 있도록 해야 할 것이다.

---

[34] 1조 원 쏟아부어도 청년창업은 제자리, 왜?/비즈한국

청년창업의 성장을 위해서는 장기적인 시각에서의 지원이 필요하다. 전문가들은 기업가정신을 갖춘 창업가 양성을 위한 교육 투자를 강조했다. 양현봉 선임연구위원은 "청년창업은 정부가 예산을 쏟는다고 하루아침에 살아나는 게 아니다. 미국은 창업자 평균 연령이 42~43세다. 이미 오랜 경력이 쌓인 후 창업하니 실패율이 낮다"라며 "반면 우리나라는 취업이 안 되니 창업을 하라고 권장하는데 제대로 된 기술이나 비즈니스 모델을 찾지 못한다. 기업가 마인드를 키워줄 교육이 필요한데 이건 초등학교 때부터 꾸준히 키워줘야 할 부분이다"라고 조언했다.

신 부연구위원도 "창업을 쉽게 할 수 있도록 다양한 제도가 마련된 건 긍정적으로 평가할 부분이지만 이는 망하기도 쉽다는 걸 의미한다. 청년창업가가 스스로의 역량을 키우는 게 가장 중요하고 그 후에 금융적 지원 등이 따라가야 한다."면서 "이를 위해서는 학교의 커리큘럼부터 개선돼야 하며, 기업가정신을 키울 수 있는 교육 등도 학교나 정부, 외부기관 등에서 제공해야 한다"고 말했다.[35]

최고의 창업정책은 규제개혁이다. 정부의 각종 자금지원, 멘토링, 행정 및 공간 지원도 규제개혁에 비견될 수 없다. 국회는 입법과정에서 불필요한 규제를 양산하는 것은 아닌지 돌아봐야 한다. 정부도 시행령 등을 통해 각종 규제를 만들거나 사실상 법규나 다름없는 가이드라인을 남발하는 탁상행정을 멈춰야 한다. 말로만 네거티브 규제를 강조할 것이 아니라 정부와 정치권의 철학이 바뀌어야 우리 스타트업의 미래를 밝힐 수 있다.

---

35) 1조 원 쏟아부어도 청년창업은 제자리, 왜?/비즈한국

06
성공사례

6. 성공사례

가. 무자본 창업의 성공사례

그림 74 브랜드 '미미박스'.

바로 "Memebox"입니다. 현재 화장품/뷰티업계에서 굉장히 Hot한 회사입니다. 회사는 사무실 보증금 몇 백 만원 외에 돈 없이 시작했습니다. 사실 그것도 없어도 됐지만 회사원 출신 4명이였고 사무실은 필요하기에 일할 수 있는 허름한 곳을 얻었다고 합니다.

미미박스는 초기에 "회사들의 샘플을 모아서 핑크박스로 상품화하여 정기 구독서비스로 화장품을 팔자" 는 컨셉으로 창업을 시작했습니다. 이들이 처음 창업을 하고 했던 일은 무엇일까요? 홈페이지를 만든다? 전단지를 만든다? 정답은 "세일즈"였습니다.

공동창업자 포함 4명이 항상 정장을 입고 아침부터 저녁시간까지 샘플을 제공해줄 수 있는 화장품 대/중견/중소 기업들의 담당자들을 만나서 10장내외의 간단한 사업소개서와 함께 세일즈를 한거죠. 쉽게 말해서 업력 없이, 제품 없이 "나 이런 사업 할건데 물건 주시오"우긴거죠.

남들이 보면 미쳤다고 생각하겠지만 그들은 확신이 있었고 실제로 대기업에서 물건을 1000개 이상 받아 판매를 했고, 첫달 만에 손익분기점을 달성합니다. (손익분기점 = 투자한 비용만큼의 이익을 달성하는 시점)

미미박스의 대표는 "화장품업계의 봉이 김선달이다"라는 별명을 얻으며 혜성처럼 스타트업계에 등장하여 현재까지 엄청난 성공가도를 달리고 있습니다.

"내 서비스를 팔아야해" "좋은 제품을 위해선 좋은 회사의 화장품을 얻어와야해" 세일즈에 중심을 두고 처음부터 움직였던 것이 이 회사가 다른 회사와 다를 수 있었던 차별점입니다.36)

나. 버킷리스트 유투버 37)

아직 젊은 나이지만, 하고 싶은 것들을 많이 해본 '황 팀장의 버킷리스트'라는 유튜브 채널을 운영하고 있는 그녀는 청년창업 성공사례 이야기의 주인공이다.

그림 75 '황팀장의 버킷리스트를 운영하는 황채영 씨

1) 인터뷰

Q. 본인 소개 부탁드릴게요

A. 안녕하세요! 건국대학교 의생명화학과 4학년에 재학 중이며, 유튜브 '황 팀장의 버킷리스트' 채널을 운영하고 있는 황채영이라고 합니다.

---

36) 무자본 창업의 성공사례|작성자 Ted Hong
37) [출처] 청년창업 성공사례 버킷리스트 유튜버|작성자 대한민국 정책기자단

저는 고등학교 때부터 발명을 했습니다. 발명을 하며 아이디어를 내고 제품을
만드는 것에 관심을 가지게 되었고, 자연스럽게 스타트업으로 이어지게 됐습니다.

발명을 계기로 청년창업에 대한 꿈을 키웠고, 대학생이 되어서 창업동아리 활동을 하며
기술, 서비스 분야를 가리지 않고 팀원들과 함께 다양한 아이디어를 냈습니다. 현재는
콘텐츠에 관심을 가지고 유튜브 채널을 운영하면서, 그동안의 경험을 바탕으로
현재 아이템 대한 사업화를 준비하고 있어요.

그림 76 성공사례 유투버.

Q. 언제부터 창업을 꿈꿨고, 또 시작하게 된 계기는 어떻게 되나요?

A. 7년 전 제가 고등학생이었을 적 이야기를 먼저 해야 할 것 같아요. 제가 졸업한 고등학교
에서는 매년 교내 발명대회를 시행했는데, 운 좋게도 2년 연속으로 수상을 하게 됐고, 고2 때
과학 선생님이 발명대회를(현 장영실 발명창업대전) 추천해주셨어요.

첫 발명대회 출전이었음에도 수상까지 하게 됐는데, 제가 무엇을 좋아하고, 무엇을 잘하는지
알려주는 계기가 됐습니다. 그렇게 발명을 통해 제 자신이 무언가 할 수 있는 존재라는 걸 느
끼게 됐고요.

발명에 푹 빠져 지속적으로 대회 출전했지만 혼자 진행하면서 아이디어가 아이디어로 끝나는
경우가 많았고, 현실화에 대한 어려움에 부딪쳤습니다. 그래서 청년창업의 길로 들어섰어요.

Q. 그동안 어떤 창업 아이템을 갖고 창업활동을 했나요?

A. 고등학교 때 발명했던 아이템들과 창업경진대회 참가만 했던 아이템을 제외하고,

크게 2가지 아이템이 있었어요.

첫 번째는, 중소기업청에서 주관한 2014 이공계 창업 꿈나무 지원 사업에 선정됐던 '태양광 충전 폰 케이스' 아이템입니다. 기존 태양광 충전 제품이 충전 선을 결합해 충전하는 형태라면, 제 아이템은 충전선을 케이스에 내장해, 케이스 장착 시 바로 충전되는 일체형 결합 형태의 태양광충전 제품으로 정부 지원 사업을 통해 시제품 제작까지 완료했고, 당시에 사업화과정까지 진행을 하진 못했지만 지원사업에 대한 개념과 제품화에 대한 경험을 쌓을 수 있었습니다.

두 번째는, 2015년 과일 배달 서비스 '한끼과일' 이라는 사업으로 학교 학생들과 교직원들 대상으로 과일을 주문하면 직접 배달해주는 서비스 사업이었습니다. 이 사업을 시작하기 전 어떤 스타트업 대표의 강연을 들었는데, 그 강연을 듣고 주변 환경과 상황을 고려해 아이디어를 떠올려 곧바로 '한끼과일' 서비스를 시작했습니다.

Q. 창업하면서 어려웠던 점은?

A. 고등학교 땐 혼자 발명 활동을 하면서 아이디어의 현실화에 대한 어려움에 많이 부딪쳤어요. 그렇게 아이템 개발에 대한 시행착오를 많이 겪었는데, 대학생이 되어 창업 동아리에 들어가 혼자가 아닌, 함께 할 수 있는 팀을 만나게 되면서 꿈에 가까워졌던 것 같습니다.

팀과 함께 2014 이공계 창업 꿈나무 지원 사업에 선정이 되면서, 함께한다면 작은 아이디어 하나도 제대로 만들 수 있다는 걸 배우게 되었습니다. 그렇게 창업 보육 센터에 입주하면서 사무실도 생기고, 많은 지원을 받게 되었어요.

하지만 영수증 처리부터 각종 서류작업과 알지 못하는 재무 용어들, 그리고 제일 중요한 아이템 개발까지 항상 화기애애할 것 같았던 팀원들도 불협화음이 날 수 있다는 걸 알았고, 그 당시에는 제 그릇으로 담기 힘든 것들에 지쳐버렸었던 것 같아요. 아이디어를 제품화시키긴 했지만, 성공의 끝이 행복이 아닐 수도 있다는 것, 성공과 행복이 다르다는 걸 알게 됐습니다.

지원 사업을 했을 때와 달리, 2015년 '한끼과일'을 하면서는 피식 웃음이 나올 만큼 재밌는 일들이 많았어요. 어느 날은 사무실에 필요한 기자재가 있지 않을까 쓰레기장을 뒤져보기도 하고, 자취방에 있는 냉장고를 사무실로 가져오려다 원룸 주인아주머니께도 혼나고, 학교의 모든 화장실 칸을 열어가면서 전단지를 붙이기도 했던 기억이 납니다.

사실 '한끼과일'에 대한 객관적인 결과를 말한다면 실패라고 생각해요. 손익분기점을 겨우 넘기만 했고, 투자한 노력과 시간에 비해 변변한 결과를 얻지는 못했습니다. 하지만 성공이라고 생각합니다. 수업시간에도 '한끼과일' 생각이 머릿속을 둥둥 떠다녔고 처음 발명을 만났을 때의 순간처럼 푹 빠져버렸거든요! 창업을 통해서 '과정'의 행복과 성공과 실패에 대한 기준이 무엇인지, 중요한 깨달음을 얻게 됐습니다.

Q. 창업 역량을 강화하기 위해 그동안 어떤 활동을 했나요?

A. 고등학교 때는 발명 활동을 하면서 아이디어 도출 연습을 많이 했어요. 대학생이 되고서 창업동아리를 통해 아이디어 도출뿐만 아니라, 창업경진대회 및 정부 지원 사업에 어떻게 참여해야 되는지 배웠고, 경영 관련 지식도 습득할 수 있었어요.

작년에는 제가 하고 싶은 일들로 채우고 싶었고, 제 꿈에 비해 재정비하는 시간을 가지고 싶어 1년 동안 휴학을 했어요. 휴학 기간 동안에 창업과 관련된 대외활동으로 중소기업청 기자단과 창조경제타운 기자단을 하였습니다. 기자단 활동으로 여러 스타트업 대표를 만나고, 그들의 스토리를 들을 수 있었어요. 창업에 관한 이야기를 들으면서, 성장할 수 있는 좋은 기회가 되었습니다. 스타트업 대표들과 인터뷰를 하면서 모두 자신이 좋아하는 일을 하고 있다는 것, 그리고 그들이 행복해한다는 공통점도 발견했어요.

Q. 창업하면서 어떤 게 가장 중요하다고 생각하세요?

A. 저는 '왜'가 가장 중요하다고 생각합니다. 왜 청년 창업을 하고 싶은 것일까, 내가 지금 이 일을 하는 이유는 무엇일까? 개인마다 원하는 바가 다르고 목표가 다르기 때문에, 창업이 꿈인 분들이라고 해도 왜에 대한 답은 다 다를 수 있다고 생각합니다. 그리고 스스로 내 마음 속에 있는 이유를 알면, 나를 알게 되는 과정을 시작했다고 생각합니다.

살아가면서 창업이든 그 무엇이든 본인에게 답이 있지 않을까 생각합니다. 이유를 확실히 알고 있다면 어떠한 문제에 부딪치더라도, 잠시 흔들리는 상황이 와도, 다시 일어설 수 있지 않을까 싶습니다.

그림 77 성공사례 유투버.

Q. 현재는 어떤 창업 아이템으로 청년 창업 준비를 하고 있나요?

A. 원래 블로그를 운영하면서 글을 썼지만, 이젠 '영상'이라는 걸 만들어보고 싶다는 생각을 했고 작년에 휴학한 후 유튜브를 통해 '황 팀장의 버킷리스트'를 운영하게 되었습니다. 남들과는 다른, 새로운 장르의 나만의 콘텐츠를 만들고 싶어 저의 버킷리스트를 주제로 유튜브 채널을 운영하게 되었습니다.

이미 저는 몇 년 전부터 저만의 아이템이 있었으며 지금까지 계속 청년창업을 해왔고, 바로 제 아이템은 '버킷리스트'라는 답을 찾았습니다. 제 꿈의 목록이 곧 저의 아이템이자, 저의 콘텐츠였죠. 그래서 '버킷 리스터' 라는 저만의 직업을 만들 수 있었어요. 저의 버킷리스트를 통해 콘텐츠를 생산하고, 앞으로 그것을 제품화를 시키고, 더 나아가 플랫폼도 만드는 꿈을 갖고 있습니다. 특히 올해 하반기에 저의 이야기를 정리한 책을 출판할 계획도 가지고 있어요.

Q. 창업을 꿈꾸는 청년들에게 조언이나 도움이 되는 말씀 부탁드릴게요.

A. 본인이 '할 수밖에 없는 것'에 주목하면 된다고 생각해요. 이미 본인이 지금 하고 있는 것이며, 내가 자연스럽게 할 수 있는 것이 무엇인지를 우선 아는 게 중요한 것 같아요. 창업을 꿈꾸는 분들뿐만 아니라 모든 분들이 정말 즐겁고 재미있게 할 수밖에 없는 것에 주목한다면, 본인의 방향을 알 수 있는 힌트가 되지 않을까 생각합니다.

Q. 최근에 창업 관련 경진대회에 나가셨거나, 준비하는 것 있나요?

A. 현재는 창업경진대회보단 크리에이터 관련 활동을 위주로 참여하고 있어요.
최근에는 서울산업진흥원에서 주관하는 2017년 서울시-SBA 1인 미디어 창작그룹 '크리에이티브 포스' 크리에이터로 선정되어 내년 초까지 기업과 연계 콘텐츠 제작 지원 사업을 진행하게 되었어요. 이처럼 앞으로 콘텐츠 관련 프로그램과 영상 공모전을 계속 참여할 계획이고, 창업경진대회도 지속적으로 출전하면서 경험을 쌓을 것입니다.
최근에는 여성창업경진대회에 출전할 계획이어서 현재 서류 준비하고 있어요.

Q. 새 정부에 바라는 창업정책은?

A. 창업에 대한 전체 구성원들의 긍정적 인식이 중요한데 어릴 때부터 창업에 대하여 친근하게 생각하고 다가갈 수 있도록 초등학교 교육과정부터 고등학교 교육과정까지 창업에 관련된 활동과 아이들에게 영향을 줄 수 있는 선생님, 부모님 각자에게도 창업 교육이 이뤄질 수 있는, 유기적이며 체계적인 정책이 있었으면 좋겠어요.

Q. 최종 꿈은 무엇인가요?

A. 제가 청년 창업을 통해 결과보단 '과정', 성공보단 '행복'이라는 가치관과 방향을
배우게 된 것은 '사람'이 있었기 때문이라고 생각해요. 저를 발견해주신 고등학교
과학 선생님이 발명대회를 알려주지 않으셨다면, 저에게 관심을 가져주지 않으셨다면, 지금의
저와 크게 다른 사람이지 않았을까라는 생각이 들어요. 한 사람의
작은 관심이 다른 한 사람의 삶을 변화시킨다는 것을 배웠어요.

저에게 발명을 시작할 수 있게 알려주신 선생님처럼, 저도 다른 이들에게 '시작'의
계기가 될 수 있는 사람이 되고 싶어요. 제가 현재 콘텐츠를 만들고 창업을 하고 있지만, 저
는 사람을 배우는 과정이라고 생각하며 앞으로도 그렇게 살아가고 싶어요.

다. 더루트컴퍼니 (구 감자혁명)

넥스트로컬 3기 창업팀인 '더루트컴퍼니'(구 감자혁명)는 중소벤처기업부가 7월 30일 발표한 '라이콘으로 성장할 소상공인'에 선발됐다. 라이콘(LICORN)은 라이프스타일·로컬과 유니콘 기업의 합성어다.

2021년 2월 강원도 강릉의 90년대생 청년들이 한자리에 모이면서 시작됐다는 더루트컴퍼니는 지난해 넥스트로컬을 진행하면서 수확·유통 과정에서 버려지는 못난이 감자를 업사이클링해 감자칩 제품 '포파칩'을 선보인 후 이 사업을 꾸준히 이어 나가고 있다.

이들은 강릉 지역의 문제를 해결할 수 있는 '임팩트 비즈니스(사회적으로 긍정적인 영향을 끼치는 사업)' 아이템으로 '감자'라는 작물에 주목했다. 씨감자아 고랭지 감자의 주산지인 강릉에서 감자 농가들이 가진 문제를 정확히 정의하고 비즈니스를 통해 해결하는 것이 중요했다.

우리나라에서는 감자 소비량이 상대적으로 높지 않고, 먹는 방식 또한 감자 본연의 맛을 느끼기가 어려운 편이다. 그래서 감자의 원물보다는 부가가치를 더 만들 수 있는 방식, 감자에 관한 경험을 전달하는 방식으로 사업 방향을 전환했다.

이 점에서 더루트컴퍼니의 비즈니스 모델 자체는 지역과 함께 성장하는 모델이다. 감자유원지를 비롯한 자사의 브랜드가 성장할수록 지역 농가에도 도움이 되고, 더 나아가 강릉의 감자 농산업에도 도움이 될 것이기 때문이다.

사업 지역을 강릉으로 특정한 것은 강릉이 결국 '살고 싶은 도시'여서다. 김지우 대표는 서울이나 수도권 기반으로 얻을 수 있는 가치도 많지만, 그것을 일부 포기하면서도 살고 싶을 만큼 좋은 도시가 바로 강릉이라고 밝혔다.

그림 78 더루트컴퍼티의 포파칩

넥스트로컬이라는 서울시 사업에 참여한 이유도 같은 맥락에서였다. 강릉시의 경우 2021년부터 청년 창업가들을 지원하는 사업이 생기기 시작했는데, 지자체 차원에서 로컬 브랜드를 지원하지 못하고 있는 지역도 있다는 점에 비춰볼 때 고무적인 일이었다.

다만 연계할 수 있는 파트너나 전문가, 기업 등의 네트워크에는 서울과 지방의 차이가 있었다. 더루트컴퍼니는 넥스트로컬 사업에 참여한 후로 지역 파트너들의 도움을 통해 지금의 팀을 꾸리게 되면서 더 다양한 사업을 전개해 나갔다.

특히 지역 파트너들의 연계를 통해 자연스럽게 판로를 개척하고, 넥스트로컬 사업 내적으로 진행하는 입점 사업 등이 있어 초기에 많은 도움을 받았다는 것이 김지우 대표의 설명이다.[38]

김 대표는 지난해 3월에 60평형 규모의 감자 식문화 공간인 감자유원지를 만들었다. 이곳에서는 못난이 감자로 만든 감자칩과 굿즈, 감자를 활용한 감자스프, 감자 눈 카레우동 등을 판매하고 있다. 김 대표는 "감자를 활용한 메뉴는 감자유원지에서만 맛볼 수 있기 때문에 강릉을 찾는 관광객들이 많이 다녀간다. 그것이 경쟁력"이라며 "지난해에만 4만명이 다녀갔고 올해는 6만명 이상 다녀갈 것으로 예상한다"고 밝혔다.

김 대표는 국민 모두가 감자를 알지만 품종과 특징을 제대로 아는 이들은 없다고 아쉬워했다. 김 대표는 감자 테마파크를 만들어 감자 밭, 감자칩 제조 현장, 감자 게임, 감자 박물관을 통해 감자의 이야기를 더 알리고 싶은 꿈이 있다.

현재 김 대표의 가장 큰 고민은 강원도에서 좋은 인재를 찾는 것이다. 고령화에 인구가 줄어들다보니 강릉에서 일하려는 직원을 찾는 일이 쉬운 일이 아니다. 감자유원지에서 식당을 열었을 때도 사람을 구하지 못해 김 대표가 주 6일을 근무해야 했다.

---

38) [스페셜 리포트] '지역 창업' 성공 사례, 더루트컴퍼니와 위로약방, THEPR, 2023.09.12

더루트컴퍼니는 PB제품 등 파트너사를 통해 사업을 더 확장할 계획이다. 올해 목표 매출액은 20억원이다. 지난해 더루트컴퍼니의 매출이 8억원이었던 점을 감안하면 2배 이상 성장이 기대되는 수준이다. 김 대표는 현재 유명 생활용품업체 PB 감자칩 제품 출시 등을 조율 중인데, 앞으로도 판로 확대에 더욱 힘쓴다는 방침이다.[39]

라. 노인과 청년이 모두 행복한 도전 '위로약방'[40]

넥스트로컬 3기 '위로 레드로즈빈'팀은 영월 마차리마을에 '위로약방' 카페를 차렸다. 단종의 유배지인 영월에서 비운의 어린 왕을 위로하는 모티브로 사업을 시작했다.

그들이 선택한 영월의 자원은 쑥이다. 마을 할머니들이 뜯은 쑥으로 '영월 쑥셸', '쑥살개아이스크림', '초코나무쑥팥콜릿'을 만들어 판매하고 있다.

사과, 옥수수 등 더 유명한 영월 특산물이 많지만 마을 주민 대부분이 몸을 움직이기 어려운 고령층이어서 쑥밖에 캘 수 없는 노동력이었다. 넓은 농지에 대량 생산까지는 어려운 여건에서 힘들지 않은 노동으로 마을 내 자금 순환을 만들고자 했다.

영월은 올해 소멸 고위험 지역으로 지정된 곳이다. 한은경 대표도 영월에 방문했을 때 할머니들의 말이 잊히지 않았다고 한다. "처음 마차리마을을 방문했을 때 할머니들이 그러시더라고요. '여긴 사람이 안 오는 곳이야'라고. 그 말을 듣고 더 해야겠다고 생각했죠."

그가 마주한 지역은 청년은 살아남을 수 없고 노인은 행복하지 않은 곳이었다. 상생의 길을 찾아야만 했다. 고령 주민들에게는 일자리 창출을, 위로약방에게는 인력 지원을 받는 방향으로 구상했다.

대규모 농업을 하기 버거운 노인들은 쓰레기 줍기 같은 공공근로로 수입을 얻고 있었다. 위로약방은 대신 매주 1회 제빵을 알려주면서 함께 일하는 자리를 마련했다.

현재 "우리도 할 수 있다"는 의미를 담아 영화 라따뚜이를 차용한 '위(we)따뚜이'라는 제빵 교육을 진행하고 있다. 지금은 10명의 할머니와 일하고 있지만 30명으로 늘려 일자리 창출을 확대할 목표도 가지고 있다.

한 대표는 넥스트로컬이 아니었으면 영월에서 이렇게 사업을 시작하지 못했을 것이라고 말한다. 연고가 없는 타지역 사람이 혼자 지역 내 현실을 알아내기에는 인간관계가 한정돼 있었기 때문이다.

---

39) 김지우 더루트컴퍼니 대표 "감자이야기 담은 테마파크 꿈꿔", 뉴스토마토, 2023.10.23
40) [스페셜 리포트] '지역 창업' 성공 사례, 더루트컴퍼니와 위로약방, THEPR, 2023.09.12

그림 79 위로약방의 대표 상품인 '영월 쑥쉘'

위로약방의 경우 단종 설화를 모티브로 상품을 만들어야 하는 상황에서 문헌 보증을 해줄 수 있는 해설사도 만나야 했고 지속적으로 원료를 지급받을 수 있는지 농가 상황을 살펴야 했다.

넥스트로컬에서는 지역 주민과 크리에이터 사이를 이어주는 지역 파트너가 있어 함께 고민할 수 있었다. 비즈니스 모델을 함께 구상하고 문제 발생 시 지역 파트너가 중재했다.

런칭 후 7~8달간 받는 후속 지원도 로컬에서 버틸 수 있는 힘이 돼주었다. 최대 5000만 원까지 사업비 지원을 받아 현실적 자금 문제를 해소했고, 전문가로부터 사업 확장 교육을 받아 미래를 그려나갈 수 있었다.

한 대표는 "중간에 포기하고 싶은 생각도 많이 들었다"며 "서울시에 감사한 부분이 러닝메이트(running mate)처럼 옆에서 같이 고민하고 뛰어줬던 것"이라고 넥스트로컬을 긍정적으로 평가했다.

2023년 '위로약방'은 중소벤처기업부가 주관하는 라이콘으로 성장할 총 34개 팀 가운데 최종 선발되기도 했다. '라이콘'은 라이프스타일&로컬 분야를 혁신해 유니콘으로 성장하는 기업(Lifestyle & Local Innovation Unicorn)을 말한다.[41]

마. 삼채총각 이야기[42]

- 도서 : 삼채총각 이야기 중에서 -
- 스물여덟 창농 CEO 김선영씨의 팜 비즈니스 스토리

나는 스스로를 삼채총각이라고 규정했다. '삼채'라는 농작물은 달고 쓰고 맵다고 해서 '삼채'라고 불린다.
파와 마늘과 부추를 합쳐놓은 맛이 나면서도 쉽게 조리할 수 있다는 장점을 가지고 있다.
우리나라에서 재배하기 시작한 지는 몇 년 되지 않았지만 다양한 요리에 곁들일 수 있기 때문에 성장 가능성이 높은 작물이다.

농촌으로 간다고 했을 때, 모두 내게 꿈이 소박하다고 했다. 하지만 내가 꾸는 꿈은 절대 소박하지 않다. 넓은 삼채농장 뒤로 보이는 작고 허름한 집. 마당에서 강아지와 닭들이 밤낮없이 울고 있는 그곳에서 나는 누구보다 큰 꿈을 꾼다.
닭들을 보면서 '시끄럽다'는 생각을 하는 대신 '어떻게 하면 삼채가루를 첨가해서 건강한 양계 사료를 계발할 수 있을까?' 고민하고, '어떻게 하면 삼채삼계탕을 내세운 외식업을 개발할 수 있을까?' 생각한다.
어떻게 하면 농촌을 알리고, 그곳에서 작물의 생산과 가공, 관광서비스를 연계한 한국에서 가장 멋진 '농가형 체험단지'를 만들 수 있을까 고민한다.

그림 80 성공사례 삼채총각 이야기.

대한민국에 삼채라는 채소를 더 널리 알리는 남자. 건강한 먹거리를 기르고 그것을 더 많은 사람에게 전달하는 사람. 나는 요즘도 매일 고민한다. 삼채로 무엇을 할 수 있을지 어떻게 유

---
41) 영월 '위로약방', 중기부 라이콘기업 육성사업 최종 선발, 에너지경제
42) [출처] 청년창업성공사례 : 삼채총각이야기|작성자 라온북

통할 수 있을지. 그리고 농업과 관광을 어떻게 하면 조화롭게 연결할 수 있을지.
다양한 강의도 듣고 해외 사례도 열심히 공부하고 농업 선진국인 네덜란드와 일본도 자세 하게 관찰하고 있다.

그 과정에서 알게 된 것은 이미 세계는 농업을 하나의 농업으로만 보지 않고 있다는 사실이다. 이제 농업은 하나의 복합적인 산 업이고, 비즈니스다.

나 역시 이런 흐름에 발맞추어 농업을 틀에 가두지 않고 그 영 역을 넓혀가고 싶다. 그날 생산한 농산물로 즉시 요리해 먹고, 건강 한 음식, 휴식을 취할 수 있는 공간과 더불어
 치유가 될 수 있는 그런 복합적인 공간을 만들고 싶다

기존의 농업을 기존의 시선으로 보고 싶지 않고 새로운 시선으로 접근하고 싶다.
농업에 새로운 문화를 입히고 싶다

그것을 위해서 실질적으로 투자처를 알아보고, 벤처캐피털 VC들과 미팅도 하고 있다.
며칠 전에는, 농림축산식품부에서 선정하는 '농촌융복합 산업 사업자'에 선정되었다.
이렇게 조금씩 나는 내가 그려놓은 복합 산업체의 꿈에 다가가고 있다.

그림 81 성공사례 삼채총각 이야기.

사람들은 여전히 농업을 촌스럽다고 생각한다. 하지만 나는 도시의 젊은이들이 농촌에서, 농업이라는 큰 분야에서 꿈을 펼칠 기회가 더 많아졌으면 좋겠다.
더 많은 청년이 농촌에 들어와 농업을 살리고, 궁극적으로 에너지 넘치는 농촌을 만들어갔으면 좋겠다.

젊은 에너지가 없다면 농촌은 더는 발전하기 힘들다. 청년농사꾼들 의 존재가 어느 때보다 절

실하다
"어떤 말을 만 번 이상 되풀이하면 반드시 그 일이 이루어진다"

처음 농업에 뛰어들었을 때, 사람들 앞에서 강의하게 될 거라고는 꿈에도 생각지 못했다. 물론 누구나 경험을 충분히 쌓거나 혹은 한 분야에서 성공을 거두고 난 후에는,
한 번쯤 자신의 이야기를 사람들 앞에서 하고 싶어질 거라고 생각했다.
나 역시 강의를 하고 싶다는 바람을 꿈 리스트에 적어놓고, 되새기며 강의하는 내 모습을 떠올리기도 했다.
바쁜 시간을 쪼개 내 이야기를 들으러 오는 사람들을 실제로 만나면 얼마나 행복할지 생각하기도 했다.
하지만 그것이 진짜 이루어질 것이라고는 감히 상상도 하지 못했다.

그림 82 성공사례 산채총각 이야기

미치면 미친다고 했던가. 초보 농사꾼이었던 나는 이제 강의를 하러 서울에 가곤 한다.
군대에서 조교를 맡았을 때를 제외하고는 많은 사람 앞에 서는 것은 처음 있는 일이었다.
여기저기 방송에 나간 후로, 얼마 지나지 않아 한 회사로부터 강의 제안이 들어왔다. 농업에 관심이 많은 예비 창업인들을 위한 강의를 계획하고 있는데 나의 이야기가 궁금하다는 것이다.
호주에서 유학생활을 하다 어떻게 농업에 뛰어들게 됐는지, 어떤 일들을 겪었는지, 그리고 농사를 시작할 때 어떻게 접근하면 좋은지에 관해 알려달라는 것이었다.

나는 석사도 아니고 박사도 아니다. 꿈을 품고 유학을 떠났지만 다른 꿈을 위해
배움의 길을 접고 농촌으로 들어갔다. 그랬던 나인데 강의를 하게 된 것이다. 특강 형식이었지만 내게는 가슴 뛰는 특별한 경험이었다. 책으로 배운 지식이 아닌, 내가 직접 느끼고 경험하고 도전했던 일들을 그것이 필요한 사람들에게 전달한다는 게 너무 행복하다.

인생에서 가장 감동적인 순간은, 누구도 알아채지 못한 기회를 처음으로 발견한 때라고 했던가.

농업도 산업이다. 생각을 조금만 바꾼다면, 편견을 깰 용기만 있다면 이곳은 아직 아무도 눈여겨보지 않은 커다란 기회의 땅이 될 수 있다.

앞날이 보이지 않는 순간에도 매일 조금씩 성장하고, 조금씩이나마 매일 더 괜찮은 곳으로 가는 사람으로 살아가고 싶다. 그 목표를 위해서 나는, 오늘도 묵묵히 삼채를 심고 있다.

바. 새집증후군 1위업체 '반딧불이'[43]

그림 84 무점포 창업 성공사례 '반딧불이'

벽지나 장판, 각종 건축자재에는 벤젠, 아세톤, 톨루엔 등 인체에 유해한 화학물질이 포함돼 있다. 건물을 지을 때, 이 같은 유해 물질을 제대로 제거하지 않으면 자연스럽게 실내에 축적된다. 유해물질에 오염된 실내에서 생활하면 두통, 호흡기 질환, 알레르기 등 '새집증후군'이

---

43) 참조 : 반딧불이 블로그

나타날 수 있다. 특히 면역력이 약한 어린아이는 아토피성 피부염, 두드러기 등 각종 질환이 발생할 수 있어 더욱 꼼꼼히 살펴봐야 한다.

'2024 우리 아이를 위한 베스트 브랜드 대상'(Best Brand for Kids Index·BBKI) 새집증후군 부문에 선정된 ㈜이지코퍼레이션 브랜드 '반딧불이'(대표 함수진)는 지난 2005년부터 실내환경 사업을 이어오고 있다.

반딧불이는 신축 건물 입주나 인테리어 공사 후 발생하는 분자 크기의 화학 독성물질, 세포 크기의 병원성 세균 물질 등 실내공간에 존재하는 미세크기의 유해 물질을 제거하는 전문기업이다. 전국 60여 가맹점과 직영점을 보유하고 있는 프랜차이즈 업체로, 새집증후군을 비롯해 새차증후군, 빌딩증후군, 아토피 케어 서비스 등 14가지 서비스를 운영하고 있다.
오존 산화물질로 유해성 화학물질을 제거하는 '오존(O3)공법'을 최초로 적용했으며, '실내환경 오염물질 저감 방법'과 '생물학적 알레르겐 제거 방법' 특허를 통해 서비스의 완성도를 높였다. 또, 현장에서 사용하는 전문약품 역시 '한국화학융합시험연구소(KTR)'에서 중금속, 경구 독성 테스트를 통해 안정성을 입증했다.

이 밖에도 반딧불이는 지난 2016년 대한아토피협회 추천 서비스 부분 최초 아토피 안심마크를 획득한 바 있으며, 환경부가 후원한 '2016 대한민국 건강주택대상'에서 환경부 장관상을 받는 등 소비자들에게 꾸준한 신뢰를 받는 브랜드다.

이번 '2024 우리 아이를 위한 베스트 브랜드 대상'에서도 서비스 전문성, 안정성을 바탕으로 소비자들로부터 높은 평가를 받았다.

함수진 반딧불이 대표는 "사람은 하루에 2리터의 물을 마시지만, 공기는 2만 리터를 호흡한다"라면서 "반딧불이의 소망은 모든 가정에 반딧불이가 살 수 있는 청정공간을 조성해 환경 원인 질병으로부터 국민들을 예방하고 치유하는 것"이라고 소감을 밝혔다.

이어 함 대표는 "반딧불이는 환경정화, 환경질병, 예방의학을 종합적으로 접목해 실내 중 오염된 공기를 정화하고, 친환경적으로 조성함으로써 아토피성 피부염, 알레르기성 비염, 천식, 새집증후군, 새집 냄새, 각종 악취 등 다양한 현대 질병을 예방, 치유할 수 있도록 돕고자 한다"라고 덧붙였다.[44]

---

44) 반딧불이 "모든 가정에 반딧불이 살 수 있는 청정공간 조성하고파", 조선에듀

1) '반딧불이' 사업이란?

그림 85 성공사례 '반딧불이'

- 시공개념

반딧불이는 실내공기 중에 부유하고 있는 화학적 독성물질과 병원성 세균물질을 제거하여 나날이 증가하는 환경원인 질병-아토피, 폐암, 백혈병, 신경질환,등등-을 예방/자연치유 서비스를 제공하는 세계 최초의 실내환경 전문 브랜드이다.

- 창업개념

반딧불이는 무점포 1인 창업으로 창업 실패의 대표적 원인인 고정 비용[임대료+인건비] 부담이 없고 투자 위험률을 최소화하였으며 가맹점의 매출 이익율을 최대화했다.

2) 1인 무점포 창업으로 청년창업 성공사례 인터뷰

Q. 안녕하세요. 자기소개 부탁드립니다.
A. 네 안녕하세요. 반딧불이 용인수지점 조상우대표입니다.

Q. 대표님께서는 반딧불이 하시기 전에 어떤일을 하셨나요?
A. 저는 웹마스터를 전공하고 6년간 식품 무역회사에서 근무했었습니다.

Q. 그러셨군요! 그럼 반딧불이를 어떻게 알고 시작하게 되셨나요?
A. 반딧불이는 지인 소개로 알게되었고 약 1개월간 시장조사를 했습니다.
회사를 그만두고 재취업을 할지 창업을 해야할지 고민하던 중에 반딧불이가 경쟁업체와 차별화가 되어있는 것 같아서 창업을 결정했습니다.

Q. 그러셨군요. 그렇다면 대표님께서는 반딧불이의 어떤부분에 신뢰아 확신을 느끼셨나요?
A. 영업방식이 전공과 연관성이 있어서 자신이 생겼구요.
인터넷으로 여러 자료를 보면서 환경산업이 높은 비전을 가지고 있음을 느끼고 확신이 들었습니다.

Q. 그러셨군요. 환경사업은 정말 이시대에 꼭 필요한 사업중의 하나인 것 같아요.
A. 맞습니다. 앞으로 꼭 필요한 유망직종이고 반딧불이는 이미 10년간의 서비스로 검증받은 회사니까 더 신뢰가 가죠.

Q. 오픈을 하신 후에 생각보다 어려움도 많이 있으셨을 것 같아요.
대표님께서는 반딧불이 창업하신 후로 어떤 힘든 점이나 반딧불이를 선택하길 잘했다라고 생각이 드실때는 언제이신가요?
A. 힘들다고 느낀적은 없구요, 반딧불이 서비스를 받고 만족도과 실내환경의 유해물질등으로 인한 걱정을 느끼지 않으실 때 만족감을 느낍니다.

Q. 대표님만의 영업노하우는 어떤게 있을까요?
A. 모든 가맹점의 공정이 동일하지만 항상 내 집을 시공하는 마음으로 보여주는 진실성과 시공 외의 문제가 될만한 점을 짚어주는 것입니다.

Q. 대표님께 반딧불이는 어떤의미인가요?
A. 내가 마지막까지 공부하고 발전하며 할 수 있는 일입니다.

Q. 마지막으로 앞으로의 계획이나 포부를 말씀해주세요.
A. 한쪽으로 치우지지 않은 여러분야의 환경문제를 해결하는 것입니다.

사. 자전거 대여(전기자전거. 사이클)라이클.

1) '라이클' 소개

라이클은 자전거 매장과 개인들로부터 자전거를 빌릴 수 있는 자전거 셰어링 플랫폼 서비스입니다. 어플을 통해 원하는 지역에서 원하는 자전거를 간편하게 예약하고 빌릴 수 있는 서비1스를 제공하고 있습니다. 자전거 매장 또는 개인들이 가진 자전거를 빌려주기 때문에 다양한 종류의 고급 자전거들을 이용해볼 수 있습니다.

라이클의 특징, 일반 공유 자전거 서비스와 무엇이 다를까!

① 서비스를 제공하는 방식 자체가 다르다
따릉이 같은 공공자전거나 공유자전거(모바이크)들은 자전거 회사에서 직접 자전거를 만들어 렌탈해주는 방식이지만, 라이클은 회사가 직접 대여해주는 것이 아닌, 개인 또는 매장의 자전거들을 빌릴 수 있도록 연결해주는 공유 플랫폼 서비스입니다.

공유자전거 회사에 경우에는 수익이 오로지 회사에 가지만, 라이클에 경우에는 개인 또는 자전거 매장들과 수익을 분배하기 때문에 지역경제 활성화에도 도움이 되죠.

② **최고급 자전거 시승 가능**

공공자전거, 공유자전거는 오로지 한가지 자전거만 이용할 수 있습니다. 또한 가장 보편적으로 이용되는 특성상 아주 기본적인 사양의 보급형 자전거만 이용할 수 있습니다. 하지만 라이클에 경우에는 전기자전거를 비롯해 성능이 뛰어난 다양한 고급 자전거들을 이용할 수 있는데요. 특히 로드싸이클이나 MTB와 같은 전문 레저용 자전거들을 아주 합리적인 가격에 빌릴 수 있습니다.

2) 인터뷰

그림 86 성공사례 라이클대여 김백범씨 인터뷰.

- 자전거 대여(자전거 공유 셰어링)를 하게 된 계기

4년 전 부여에서 여행을 하다가 우연히 공공자전거를 이용했는데, 그 당시 공공자전거는 처음 접했기 때문에 너무 신기해서 이용을 하게 됐습니다. 자전거를 타며, 충남 부여 이곳저곳을 돌아다니려 했지만 공공자전거는 너무 무겁고 불편했습니다. 여행을 마치고 그 불편했던 느낌이 생각나, 공공자전거에 대해 알아보니 저처럼 공공자전거에 불편함을 느끼는 사람들이 많다는 것을 알게 됐습니다. 게다가 공공자전거를 위해 엄청나게 많은 예산(세금)이 필요하며, 자전거 1대당 약 100만원 정도 필요하단 사실도요. 집에서 타는 자전거들은 훨씬 편한데, 왜 이 비싼 세금을 내고 공공자전거를 타야 할까라는 의문점이 생겼습니다.

같이 사업을 시작한 정다움 공동대표와는 대학 때부터 알고 지낸 사이인데, 우연히 자전거와 관련된 이야기를 하게 됐어요. 그런데 정다움 대표도 비슷하면서 약간 다른 경험을 했던 것이었습니다. 정다움 대표는 친구와 자전거로 국토종주를 계획했는데, 자전거를 막상 빌리려고 하니 빌릴 곳이 마땅치 않은 것이었습니다.

대여소에서 빌려주는 자전거들은 국토종주를 하기엔 너무 상태가 좋지 않았기 때문이죠. 그래서 자전거를 빌리려고 화성에서 팔당까지 약 3시간 거리를 찾아갔어야 됐습니다. 여행할 자전거 하나 빌리는데 3시간이나 떨어진 지역에 가야 된다는 것은 말이 안 되는 거죠.

우리 둘은 기존 자전거 대여 서비스의 문제점에 대해 깊이 공감하였고, 지금의 라이클과 같이 다양하면서 고품질의 자전거들을 빌릴 수 있는 서비스의 필요성을 절감했습니다. 생각해보니,'우리 집에도 사놓고 잘 안 타는 자전거가 2대나 있는데 이 자전거를 공유하면 되겠구나' 싶어, 개인 가정과 자전거 매장에서 자전거를 공유할 수 있는 지금의 서비스를 생각하게 됐습니다.

- 청년 스타트업의 혜택 : 2018 공유기업 발굴 육성 사업으로 선정

우리나라에는 청년들이 사업을 시작할 수 있도록 여러 가지 지원을 하고 있습니다. 특히 반드시 필요한 자금을 지원해주는 지원 사업들이 다양한 형태로 나오고 있고요. 적게는 2~3천만원에서 많이는 1억까지 사업의 단계와 규모에 따라 지원 사업이 많으니 사업을 꿈꾸는 청년이라면 한 번 도전해보세요! 이 외에도 4대 보험이나 법인세 감면 등 실질적인 혜택들을 정부에서 제공하고 있습니다.

라이클도 이러한 지원 사업에 참여하면서 많은 혜택을 받았는데요. 최근에는 경기도청에서 주최한 경기도 공유경제 기업 발굴 육성 사업 오디션에서 가장 우수한 성적으로 입상해 적지 않은 자금 지원을 받았습니다.

생각보다 꽤 많은 공유경제 기업들이 참가해 치열한 경쟁을 했는데요. 다행이 심사위원님들이 저희 사업에 대해 좋게 평가해주셔서 좋은 결과를 얻었습니다. 이러한 기회를 통해 MBC 생방송 오늘 저녁은 등 공중파에도 소개되어 많은 사람들에게 알리게 된 계기가 되었습니다.

그림 87 성공사례. 라이클

- 라이클'과 현재 MOU 제휴 자전거 샵 및 업체는?

현재 약 80개 넘는 자전거 매장들이 제휴되어 있습니다. 주로 전기자전거와 로드싸이클이 많은 편이며, 서울/경인/부산/제주 등 지역에 매장들이 많이 등록돼 있습니다. 이 외에도 전국에 있는 다양한 지역들의 매장들과 제휴했습니다.

또한 이마트에는 엠라운지라고 하여 스마트 모빌리티만 전문적으로 다루는 편집 샵이 있는데, 엠라운지가 있는 지점에서 전기자전거를 아주 저렴(1시간 3~4천원, 1일 15,000~20,000원)하게 이용할 수 있도록 이마트 본사와 제휴를 체결했습니다. 현재 전국 8개 이마트 지점이 등록돼 있고, 점차적으로 라이클에 등록되고 있는 단계입니다.

그뿐 아니라, 자전거 브랜드를 홍보하고 싶어 하는 다양한 제조사 및 수입사들과 전략적인 협력 관계를 맺고 있는데요. 대표적인 예로 최근에 스캇이라고 하는 전세계적으로 유명한

그 외에도 스페셜라이즈드, 서벨로 등 인기 자전거 브랜드 회사들과 고급 자전거들을 무료로 이용할 수 있는 시승 프로모션을 진행해왔습니다. 협력한 회사 측에서도 아주 만족했으며, 곧 더 재밌는 이벤트를 함께 진행하기로 했습니다. 올해 하반기에 다양한 브랜드들과 재밌는 이벤트들을 많이 준비했으니 기대하셔도 좋습니다.

- 잠자는 자전거로 돈을 벌 수 있다는데 알려주세요.

우리 가정에는 자전거를 사놓고 여러 이유로 타지 않고 방치된 자전거들이 많습니다. 이러한

자전거들은 집에서 공간만 차지하는 경우가 많은데요. 이 자전거들을 라이클에 등록하면 해당 자전거가 필요한 사람들에게 이용 요금을 받고 공유할 수 있습니다. 자전거를 공유하고 많게는 월 30~40만원까지 수익을 내는 분들도 있습니다.

- 주로 어떤 이용자들인지(맡기는 사람과 이용하는 사람)

자전거를 공유하는 분들 중에는 여러 케이스가 있습니다. 운동이나 레저 목적으로 자전거를 사고, 바빠서 혹은 자전거 타는 것에 흥미를 잃어 자전거를 안 타는 분들, 자전거를 여러 대 갖고 있어 안 타는 자전거가 있는 분들, 1년에 2~3번 아주 가끔 자전거 타는 분들 등 여러 이유로 자전거를 잘 안 타게 된 분들이 주로 라이클에 자전거를 등록하고 계십니다.

라이클에서 자전거를 이용하는 분들은 주로 여행을 목적으로 서비스를 이용하십니다. 라이클엔 장거리도 쉽게 여행할 수 있는 전기자전거나 로드 사이클을 주로 빌려주기 때문에 이러한 자전거들의 매력을 느끼는 분들이 주로 이용하시는데요. 남성분들은 로드싸이클을 많이 이용하시고, 여성분들은 전기자전거를 많이 이용하시는 편입니다.

- 이용자들의 반응은 어떤가요?

라이클 앱에는 자전거를 이용하고 후기를 남길 수 있는데요. 이용자분들의 후기를 보면, 평소 접해보지 못한 새로운 자전거들을 통해 색다른 경험을 할 수 있어 좋았다는 평이 많습니다.

특히 전기자전거는 면허증 없이 자전거도로에서 탈 수 있도록 올해 합법화됨으로써 이용자들이 대폭 늘어났는데요. 전기자전거는 페달을 살짝만 밟아도 쭉쭉 나가기 때문에 오르막길도 쉽게 올라갈 뿐만 아니라 장거리 여행하기도 너무 좋습니다. 이러한 매력 때문에 그동안 다리에 힘이 부족해 자전거를 타기 부담스러워했던 여성분들이 전기자전거를 통해 새로운 경험을 할 수 있게 됨으로써 정말 좋아하십니다.

- 앞으로 청년 CEO로서의 꿈이라면

대학을 졸업하고 바로 창업을 시작하며 힘든 일도 많이 겪고 보람도 많이 느끼고 있습니다. 아무것도 없이 시작하는 바람에 어려운 일도 많이 있었지만, 이제껏 없었던 새로운 가치를 만들어나간다는 기쁨을 동력 삼아 앞으로 한보씩 전진하고 있는데요.
지금은 새로운 경험을 제공하는 서비스지만, 머지않아 라이클이 사람들의 일상 속에 자연스레 이용되는 서비스가 되었으면 합니다.
여행을 가면 자연스럽게 라이클 앱을 들여다보며 어떤 자전거를 탈까 고민하는 새로운 라이프스타일을 만드는 것이 꿈이라 할 수 있습니다.

또한 라이클을 운영하면서 자전거를 통해 기부 라이딩을 후원, 직접 기부 라이딩 행사를 주최 등 사회적으로 좋은 일들을 하고 있습니다.
앞으로도 라이클을 통해 많은 사람들과 더 따뜻한 사회를 만들기 위해 작지만 가슴 뭉클한 일들을 계속해서 실천해나갈 생각입니다.

3) 라이클, 자전거 매장 전용 홍보공간 '비즈프로필' 출시

자전거 쇼핑 플랫폼 '라이클'을 운영하는 라이클컴퍼니(대표 김백범·정다움)는 지역 자전거 매장과 주변 자전거 소비자들을 더욱 가깝게 연결해 주는 '비즈프로필' 서비스를 출시했다고 18일 밝혔다.

'비즈프로필'은 라이클에서 자전거를 판매하는 판매자 전용 공간으로 지역 자전거 소비자에게 매장을 효과적으로 알릴 수 있는 홍보 창구다. 매장을 소개하는 글과 함께 매장을 대표하는 이미지, 매장 운영 시간, 수리·정비 서비스, 매장 위치 등을 등록해 알릴 수 있다.

비즈프로필의 가장 큰 특징은 자전거 매장에서 취급하는 브랜드와 상품들을 한눈에 모아볼 수 있는 기능이다. 매장 근처에서 자전거를 찾는 소비자에게 판매자가 취급하는 인기 상품들을 알릴 수 있으며, 브랜드별로 해당 브랜드 상품들만 골라 쇼핑을 즐길 수도 있다.

또 지역 자전거 소비자가 비즈프로필을 통해 관심 매장으로 등록하면, 매장에서 올리는 새로운 소식이나 상품에 대한 정보를 보다 빠르게 전달받을 수 있다.

라이클 관계자는 "지역 자전거 매장과 소비자가 더 가깝게 연결돼 판매가 보다 활성화 되기를 바라는 마음에 출시한 기능"이라면서 "매년 자전거 쇼핑을 위해 100만명이 넘게 이용하는 서비스인 만큼 비즈프로필과 연계를 통해 자전거 커머스 플랫폼 대표주자로서 입지를 보다 굳건히 다질 것"이라고 밝혔다.

라이클은 글로벌 자전거 브랜드 트렉 바이시클(대표 진정태)과 손잡고 트렉 마돈 8세대 라인업 신제품들을 렌털, 할부 등 다양한 결제 방식으로 구매할 수 있도록 선보였다. 8세대 마돈은 지난 20년간 마돈 헤리티지를 보존하면서 역대급으로 경량화된 퍼포먼스로 출시됐기에 자전거 소비자에게 여느 때보다 많은 기대와 관심을 받고 있다.

현재 라이클에 트렉바이시클 브랜드를 취급하는 직영점과 대리점 총 47곳이 입점해 상품을 판매하고 있으며, 가까운 지역에서 트렉바이시클 브랜드를 판매하는 매장을 쉽게 확인해 쇼핑을 즐길 수 있다.

아. 알리바바 마윈의 이야기와 명언 45)

중국 최대 전자상거래 기업 '알리바바'의 CEO안 마윈의 소자본창업 스토리

그림 89 성공사례 마윈

- **가난했고 평범했던 그의 어린 시절**

마윈은 1964년 중국 항정우의 가난한 집안에서 평범하게 태어났습니다. 어릴 적부터 공부보다는 친구들과 노는 것을 더 좋아했던 그는 고등학교 시험을 2번이나 낙방했을 정도로 공부에 뛰어난 재능이 있던 학생도 아니었습니다.

공부에 영 흥미 없던 그가 유일하게 영어 공부를 시작하게 된 계기가 생깁니다. 바로 중학교 시절 새로 부임한 영어 선생님을 짝사랑하면서부터 영어 공부에 몰두하게 되는데요. 학원을 다닐 형편이 아니었던 그는 영어를 배우겠다는 의지 하나로 매일 45분씩 자전거를 타고 항정우 호텔로 찾아갔다고 합니다. 항정우를 방문한 외국인을 무작정 붙잡고 무료 관광 가이드를 자처하며 무려 9년 동안 영어를 배웠다고 해요.

- **실패의 연속이었던 마윈의 삶**

---

45) 출처 [소자본창업 성공사례] 알리바바 마윈의 이야기와 명언|작성자 블로거 터칭

하지만 정말 영어에만 몰두했던 그는 대학입시에 번번이 낙방하게 됩니다. 3번의 도전을 끝으로 어렵게 비명문대인 항정우사범대학 영어 전공으로 입학하게 되지만 졸업 후에도 그의 인생은 순탄치 않았습니다. 그는 또 취업의 문턱에서 수많은 실패를 겪게 됩니다.

"
30개의 회사, 모두 불합격
경찰학교 5명의 지원자 중
유일한 탈락자
패스트푸드 KFC 25명 지원자 중
유일한 탈락자
"

166의 작은 키, 45kg의 왜소한 체구와 호감형 얼굴이 아니라는 이유로 패스트푸드 KFC의 아르바이트 25명 지원자 중 유일한 탈락자가 되기도 했죠. 그러던 그는 지방의 한 대학에서 영어 강사로 일하게 됩니다. 그리고 그가 20여 년 전 받았던 월급은 단 89위안(1만 5천 원).

차곡차곡 모았던 종잣돈으로 1992년 영어 번역과 통역을 해주는 통역 회사 '하이보'를 창업하지만 경영과 회계에 대해 경험이 없던 마윈은 직원의 횡령으로 다시 한번 실패를 마주하게 됩니다.

- 마윈 다시 한번 일어나다.

그러던 중 1955년, 마윈은 협상가로서 미국을 방문하게 되면서 인터넷을 처음으로 접하며 인터넷이 세상을 바꿀 것이라고 확신하고 인터넷 사업을 결심하게 됩니다. 하지만 컴퓨터에 대한 지식이 없던 그는 또다시 사업에 실패하게 되는데요.

그는 거듭되는 실패에도 좌절하지 않고 50만 위안(8,500만원)으로 1999년, 17명의 동료들과 함께 중국 최초로 기업 간의 전자상거래 회사 '알리바바'를 창업하게 됩니다. 그리고 야후!의 창업자인 '제리 양'을 관광 가이드 인연으로 만나 일본 소프트뱅크 '손정의'사장의 200억 원의 투자를 받는 것에 성공하게 되며 지금의 중국 최대 기업으로의 발판을 이루게 되었죠

그림 90 성공사례 마윈 <이미지출처 : 엘비즈코리아>

- 마윈의 경영 노하우 : 고객을 알아야 한다.

하지만 여기서 끝이 아니었습니다. 당시 이베이(ebay)의 중국 진출로 인해 중국의 온라인 시장의 95%가 지배당하고 있었는요. 마윈은 거대 경쟁사였던 이베이와 차별화로 점유율을 높이기 위해 마케팅 전략을 세웁니다. 이베이닷컴이 중국 시장에서 부족한 점이 무엇인지 고민하였고, 최저 수수료를 받고 있던 이베이에게 결정적인 한방을 날리게 되죠.

3년간 수수료 무료 정책, 그리고 그 전략은 완벽하게 성공합니다. 이렇게 이베이가 채우지 못했던 고객의 니즈를 충족시키며 알리바바는 중국 점유율 80% 이상을 달성, 엄청난 성장세를 이어가는데요. 결국 2006년, 이베이는 중국 시장에서 전수하게 됩니다. 이렇듯 세계적인 기업이었던 이베이를 철수시킬 수 있었던 것은 경쟁사에 대한 철저한 분석과 고객의 눈높이에서 가려운 부분을 긁어주는 고객 위주의 전략이 있었기 때문이라고 말합니다. 그는 실제로 직접 고객을 인터뷰하며 고객이 무엇을 원하는지 끊임없이 소통했다고 하는데요. 창업을 시작한 자영업자라면 마찬가지로 고객의 입장에서 생각하는 것이 소통의 시작이 아닐까요.
이렇듯 소자본으로 약 356억 달러의 중국 최고 부자로 성장하기까지 수많은 실패와 시련을 딛고 발판 삼아 일어났기 때문일 것입니다. 그는 성공적인 창업을 위해 도전하고 경험하는 것이 중요하다고 이야기합니다. 그리고 마윈은 예비창업자들에게 말합니다.

"
어떤 실수도 자산이 됩니다.
20대 30대라면 도전을 해야 합니다.
무엇이든 간에 자신만의
꿈을 가지고 덤비세요.

*실패할 수도 있으나
삶의 큰 자산이 될 겁니다.
더 큰 꿈을 꾸셨으면 좋겠습니다.*
"

자. 주부창업으로 육아와 일 두 가지를 잡다! 46)

아이 돌보면서 예쁜 글씨로 작업도 하고 돈도 벌어요.
주부창업으로 육아와 일 두 마리 토끼를 잡은 전주 최정희님!

1) 최정희님 인터뷰

 손글씨 pop를 시작한지 벌써 11년차랍니다. 다른 분들처럼 저 역시 수작업의 한계를 느끼고 있을 무렵 육아때문에 회사업무(POP제작파트)에 집중하기가 어려운 상황이 오게되었어요.

아이와 시간을 함께 보내면서 돈도 버는..정말 이상적인 꿈을 안고 본격적인 주부창업, 재택창업, 요런걸 알아봤지요~!

재택알바나 재택근무는 거의 다단계 식의 타이핑 알바가 대다수이고, 적은 시간에 많은 돈을 번다는 말이 너무 비현실적으로 들렸어요.

그림 91 성공사례 POP 창업

---

46) [출처] 주부창업으로 육아와 일 두 가지를 잡다! 여성 소자본창업 성공사례 작성자 블로거 폼상정 실장

개인적으로 돈은 일한만큼 번다는 주의라서 쫌 고지식할지 몰라도, 양심적으로 일하고 돈 버는 것이 마음이 편하더라구요. 아무래도 pop 쪽에 있다보니 디지털POP 창업에 대해서도 자연스럽게 접하게 되었는데요. 공방을 내서 운영해도 괜찮겠다는 생각을 하게되었습니다.

초반에는 제대로 디지털POP 창업활동을 했다고 보긴 어려웠던 것 같아요. 생각했던 것보다 디자인 작업시간이 좀 걸리더라구요. 다른 분들처럼 멋지게 전문가처럼 디자인을 하고 싶은데 몸과 마음이 생각처럼 안 따라주더군요.

특히 저는 폼상체도 적극 활용했지만, 제가 쓴 글씨를 토대로 작업을 하다보니 디자인 작업시간이 좀 더 걸리더라구요.

처음엔 손글씨나 디지털POP나 작업시간 차이가 별로 안나서 힘들었습니다.
그렇지만 사람은 역시나 적응하는 동물!! 컴퓨터로 뚝딱뚝딱, 기존 시안작업들 참고해서 만들다보니 어느 순간 디자인 시간, 작업결과가 나오는 시간이 단축되기 시작했어요.

다들 이 맛에 디지털POP로 창업을 한거였구나!! 속으로 쾌감을 느끼는 날도 생겼고요.
특히 단체주문 들어올 땐 참 뿌듯합니다. 스스로 '디지털POP로 주부창업 하길 잘 했구나.' 라고 생각이 들었죠.

그림 92 성공사례 POP.

다른분들은 선거나 피켓으로 많은 수익을 가져간다고 하셨는데요. 저는 제약회사들의 비중이 큰 것 같아요.
기존에 주문하셨던 곳의 POP가 꾸준하게 들어오는데다가 손글씨 POP보다 디지털POP가 훨씬 깔끔하고 번지지 않아서 긍정적인 반응이었어요.
그런 부분을 가장 마음에 들어 하셨는지, 재구매율이 높은 편이랍니다^^

제가 디지털 POP로 주부창업을 진행하면서 한 가지 아쉬운 점이 있다면 제대로 홍보를 하지 않았다는 것이에요.
공방을 차리고, 대부분의 시간을 공방에서 보내다보니 주문이 들어오면 그때 제작해서 판매하는 방향으로 진행을 했어요.
그래도 다행히 따로 홍보를 하지 않았는데도 평균 100만원 정도 벌이가 생긴다는 것이 참 신기하더라구요.
맘 먹고 하면 200, 300도 어렵진 않을 것 같아요. 아이가 조금 더 크면 적극적으로 홍보 해 보려고 합니다!

요즘 대부분 업체 홍보는 오프라인보다 온라인 홍보를 많이 하잖아요. 우리 주부들만 해도, 핸드폰으로 맘카페나 카톡, 카카오스토리에서 정보를 많이 얻으니까 전단지는 잘 안보게되죠. 그래서 홍보할 때 전단지는 주변 가게들한테만 돌렸어요. 제가 이런 일을 하고 있고, 필요하시면 연락달라는 식으로 말씀드리면서요. 아무래도 매일 지나치면서 보고 인사하다보니 당장은 아니어도 필요할 때가 생기면 찾아주시더라구요!

그리고 신규고객이나 지역상관없이 주문해주시는 분들은 거의 블로그나 홈페이지를 통해 주문하신 경우에요.
특히 저는 카톡과 문자로 제작했던 것들과 시안을 적극적으로 보내드렸어요.
다양한 시안을 보여줄 수 있다는 것이 디지털POP의 가장 큰 장점입니다.

단골고객님들은 동일 디자인 할인혜택으로 꾸준하게 주문해주시고요. 그래서 전화주문으로만 출력해서 보내드리는 경우도 꽤 많답니다. 각 고객 특징별로 어떻게 상담하면 좋을지, 이제 조금씩 감을 잡아 가는 단계인 것 같아요.

주부창업, 재택창업을 찾아보다가 이 글을 보시게 된거라면, 디지털POP로 창업아이템을 결정하셨다면, 다른 것보다 우선적으로 공부해두시면 좋은 것이 바로 일러스트라는 프로그램인데요! 어도비 라는 회사에서 만든 프로그램으로,

편집디자인에 많이 사용되는 프로그램이에요~! 요즘은 온라인 강좌나 블로그 강좌도 자세하게 잘 되어 있어서 동영상이나 글 보고 혼자 따라해보셔도 도움이 많이 되실거에요.

Ai
ADOBE ILLUSTRATOR CS5
Initializing plug-ins...PathFinder Suite.aip
Adobe

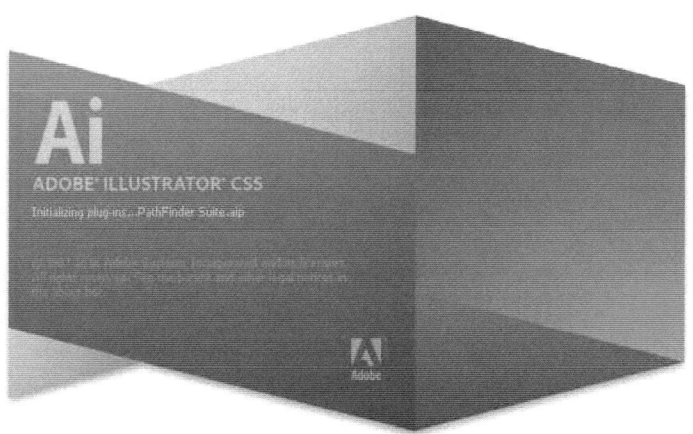

그림 93 성공사례 POP 일러스트.

디지털POP를 하려면 다른것보다 이 프로그램을 잘 다루는 것이 중요하다고 생각합니다^^

영업력도 중요하겠지만, 예쁜 디자인이면 멀리서도 고객은 찾아올테니까요!

꾸준하게 디자인 공부와 프로그램 툴 다루는 방법을 연습하시는 것이 첫번째이고, 두번째는 홍보 인 것 같습니다.
홍보는 온라인과 오프라인으로 나뉘는데, 제가 느끼기에 오프라인보다는 온라인이 바로바로 효과가 있는 것 같더라구요. 창업을 하게되면 폼나는세상에서 온라인 마케팅 교육도 해주고, 프로그램 교육도 해주기 때문에 난 아무것도 못하는데 어떡하지? 라고 생각하셨다면 걱정안 하셔도 될 것 같아요.

정말 하란대로 따라하기만 해도 기본은 하기 때문에, 그 이상은 본인노력 여하에 따라 달라지는 것 같습니다.

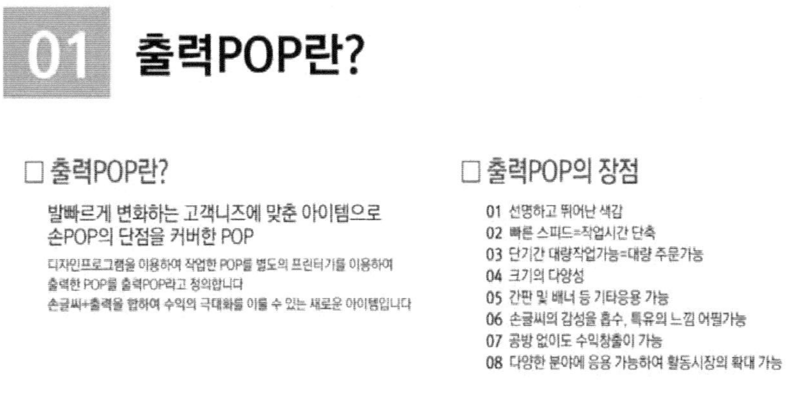

01
출력POP란?
□ 출력POP란?
발빠르게 변화하는 고객니즈에 맞춘 아이템으로 손POP의 단점을 커버한 POP
디자인프로그램을 이용하여 작업한 POP를 별도의 프린터기를 이용하여 출력한 POP를 출력POP라고 정의합니다
손글씨+출력을 합하여 수익의 극대화를 이룰 수 있는 새로운 아이템입니다
□ 출력POP의 장점
01 선명하고 뛰어난 색감
02 빠른 스피드=작업시간 단축
03 단기간 대량작업가능=대량 주문가능
04 크기의 다양성
05 간판 및 배너 등 기타응용 가능
06 손글씨의 감성을 흡수, 특유의 느낌 어필가능
07 공방 없이도 수익창출이 가능
08 다양한 분야에 응용 가능하여 활동시장의 확대 가능

그림 94 성공사례 출력 POP.

초반에 디자인 공부도 폼나는 세상에서 제공해주시는 일러스트, pop 자료가지고 연습해보는 것이 제일 좋습니다.
낯선 프로그램이 손에 익기까지 저는 1~2달 정도 걸린 것 같네요. 폼나는 세상에서도 지속적으로 디자인과 서체개발을 해서 업데이트 해주시기 때문에 연습만이 답입니다.
처음에는 30분 걸리던게, 20분, 10분, 5분으로 단축되는 걸 경험하게 되실거에요! 이 데이터들도 다 저장해두니까 나중에 요긴하게 쓰이더라구요.
그 때는 다 내 것이 되니, 이후에는 홍보와 고객관리만 신경쓴다면 성공합니다!

차. 해외창업 성공사례 미국 유타주 컵밥 푸드트럭 'CUPBOP'[47]

그림 95 성공사례. 해외 컵밥

미국 유타주 컵밥 푸드트럭 'CUPBOP'
한식 최초 nba 스타디움 입점하여 햄버거, 타코 등을 제치고
13개 경기장에서 판매율 1위 기록한 한국 컵밥!

---
47) 참조 : 블로거 프로장사꾼

그림 96 성공사례 해외 컵밥 푸드 트럭.

미국인들에게 새로운 개념의 패스트푸드로 자리잡은 컵밥.
초기엔 인기를 끌지 못했지만, 시행착오의 과정을 거쳐 유타주 손꼽히는 푸드트럭이 되었다.
매운 맛을 낯설어 하는 외국인들을 위해 단계별 맵기를 만들고, 한국어를 사용하면 토핑을 추가해주는 이벤트 등을 진행하며 유타 주 푸드트럭을 정평했다.
이젠 유타를 넘어 미국 전역 푸드트럭 8대, 매장 11곳, 스타디움 매대 15곳을 두어 견고한 체인점으로 자리잡았다.

그림 97 미국인들에게 새로운 개념의 패스트푸드로 자리잡은 컵밥

맛은 물론 재미있는 경험을 선사하며 새로운 마케팅 방안을 고안했다.
sns에 사연을 올린 고객 집에 차자가 무료 케이터링을 제공하여 파티를 열어준다.
그러면서 자연스럽게 sns 홍보가 될뿐만 아니라 충성 고객을 만들게 된다.

또한 사연을 올리면 찾아가 고기를 쌈싸서 입에 넣어주는 무료 런치배달 서비스도 있는데, 이렇듯 다양한 이벤트로 미국인들의 호기심을 자극하면서도 즐거운 경험을 선사하는 것이 비법 아닌 비법이다.

그림 98 미국인들에게 새로운 개념의 패스트푸드로 자리잡은 컵밥

카. 쇼핑몰 성공사례 '육육걸즈'

그림 99 쇼핑몰 성공사례 '육육걸즈'

육육걸즈 박예나대표는 당시 10대였을 때 쇼핑몰을 운영하기 시작했다. 그 당시 박예나대표는
"왜 쇼핑몰은 모두 날씬한 모델에서 44, 55치수 옷만 취급하는걸까?"
라고 생각을 가지고 있었다. 그래서 그녀는 다른 쇼핑몰과 차별을 두어 평균 여성 치수보다 한 치수 큰 66사이즈의 옷을 팔기 시작했다.

당시 다수 의류 브랜드들이 프리사이즈로 많이 판매하고 있어 불편하다는 얘기가 많았다. 그래서 조금 통통하거나 심지어 뚱뚱한 체형을 가진 여성들의 틈새시장을 공략한 것이다. 2008년 첫 달 수익은 4만원이였지만, 1년이 지나 매출이 1000만원, 2000만원 대의 상승곡선을 그리다가 2009년에 평균 매출 3천만원대를 받게된다. 그리고 육육걸즈는 리뉴얼 후 한달에 8억 이상의 매출을 올리게 되었다.

또한 육육걸즈는 보통 택배비가 2500원이데 빠른배송과 저렴한 배송비 1800원, 배송부분 1위인 우체국을 선택함으로써 고객들에게 신뢰도와 신속배송을 모두 잡을 수 있었다. 모바일 시장이 활발한데 다른 쇼핑몰 보다 발빠르게 모바일 앱을 만들고 모바일 앱을 장려하기 위해 모바일 앱으로 구입시 더 할인이 된다.

현재도 다양한 아이템 개발과 자체제작 상품력의 전문성 높은 여성 전문 쇼핑몰로 마켓 점유 확보와 입지를 탄탄히 하고 있다. 올해로 16년차를 맞은 육육걸즈는 온라인 쇼핑몰의 포화 속에서 독보적인 가격 경쟁력과 압도적인 상품 라인업을 자랑한다.
현재 자사몰에서 노출되는 스타일수는 5000개가 넘으며 연간 2만 스타일 이상 선보여 막강한 상품 역량을 자랑한다. 여기에 T.P.O별 상품군을 브랜드화한 자체 라벨군을 점차 늘려가면서 상품 컨셉별로 세분화된 소비자들을 공략하고 있다.

출근룩이나 데이트룩에 특화된 '레이디라벨', 기본아이템 위주 '육육베이직', 자체 데님 브랜드 '몬스터진', 로고플레이 트렌드를 반영, 심볼을 강조한 '슬토' 등 다양한 취향에 따른 자체라벨을 선보여 상품 변별을 높이고 있다.
전체 상품 80%이상 자체제작으로 퀄리티를 유지하고 다품종 소량 생산 체제로 상품 경쟁 우위를 지키는 점은 해외 SPA공세와 저가 온라인 브랜드 및 쇼핑몰 난립에도 고정고객층이 70~80%에 달하는 이유다.

매일 10스타일 이싱 신규 아이뎀이 업데이드되며 매달 300~400스타일을 신보인다. 재입고나 리오더는 스테디아이템 위주로 진행하며 회전율 높은 쇼핑몰로 신선함을 유지하고 있다. 매년 시장 흐름에 따라 라인 신설로 특화된 타겟층 확보도 겨냥하고 있다.

올 하반기 육육걸즈는 재도약 발판 마련에 나선다.
우선 고정고객층이 매우 높고 쇼핑몰 업력만큼 고객 에이지가 높아졌다는 점에 착안, 프리미엄 라인을 강화하며 해외 고객 수요가 높아짐에 따라 글로벌 시장 진출을 도모한다.
특수모, 울 100% 소재를 기반으로 한 니트와 아우터 비중을 높인다. 자켓과 코트류 보강을 통해 폭넓은 고객 니즈를 충족시킨다는 방침이다.

해외시장 진출에 대한 포석 마련에도 적극 나선다. 육육걸즈는 자사몰을 통해 일본, 중국, 영어, 대만 등지 글로벌 배송을 진행하고 있다. 점차 해외 배송이 늘고 K-패션에 대한 외국인 수요가 높아짐에 따라 가격 경쟁력·퀄리티·스타일에서 쉬인을 뛰어넘는 월등한 상품력을 자랑하는 만큼 해외몰 입점을 본격화 한다는 계획이다.

일본을 필두로 대만, 태국, 중국 등지 아시아권 공략을 구체화하고 향후 미주, 유럽권까지 확장한다는 계획이다.[48]

또한 최근에는 육육걸즈가 국제개발협력NGO 지파운데이션에 2800만 원 상당의 여성의류를 기부하기도 했다.

육육걸즈가 전달한 제품은 2,800만 원 상당의 여성의류 1,241장으로, 이번 기부로 육육걸즈의 지파운데이션 기부 횟수는 총 34번에 이르게 되었다. 육육걸즈는 꾸준한 여성의류 기부를 통해 취약계층의 삶을 응원하고, 경력단절 여성의 일자리 창출에도 기여하며 적극적으로 사회공헌활동을 펼치고 있다.

육육걸즈 박예나 대표는 "육육걸즈는 기업의 최대 가치를 사회적 책임과 사회 환원으로 여기며, 지속적인 가치 창출에 모든 임직원이 하나가 되어 노력하고 있다"라고 하며 "육육걸즈는 항상 고객의 사랑에 보답하기 위해 노력하고 있으며, 이번 기부 역시 그 노력의 일환이다. 우리의 기부를 통해 많은 사람들에게 행복을 전달하고, 나아가 사회 전체에 긍정적인 변화를 가져올 수 있길 바란다. 육육걸즈가 많은 분들께 사랑을 받아온 여성 의류 대표 쇼핑몰인 만큼, 앞으로도 세상에 더 큰 사랑을 전하는 기업이 되기를 소망한다"라고 전했다.[49]

---

48) 육육걸즈, 글로벌서 '소싱력· 프라이스 전략' 월등한 K-패션 정수 보여줄 것, 한국섬유신문i
49) 육육걸즈, 지파운데이션에 2800만 원 상당의 여성의류 기부, 베이비뉴스

07

청년창업 지원제도

7. 청년창업 지원제도

가. 생애최초 청년창업 지원사업[50]

생애최초로 창업에 도전하는 만 29세 이하 청년예비창업자들의 창업 성공률 제고를 위해 자금·교육·멘토링 등을 지원해주는 사업이 있다.

- **사업개요**

그림 100 생애최초 청년창업 지원사업 개요

- **사업절차**

그림 101 생애최초 청년창업 사업절차

- **지원내용** : 사업화 자금 및 주관기관이 제공하는 창업프로그램 등

---

50) 중소벤처기업부

구 분	지원 세부 내용	
사업화 자금	• **사업화 자금 (평균 46백만원, 최대 70백만원) 지원** : 시제품 제작, 지재권 취득, 사업모델(BM) 개선 등에 활용 　* 선정평가 결과에 따라 사업화 자금 차등 지원 　** 사업화 자금(정부지원사업비)은 예비창업자의 신청금액 범위 내에서 지급 • **총사업비 = 정부지원사업비 100%** (자기부담사업비 없음) < 비목정의 및 기준 (세부기준 선정자 별도 안내) >	

비목	비목 정의	집행기준
재료비	• 사업계획서 상의 사업화를 위해 소요되는 재료 또는 원료, 데이터 등 무형재료를 구입하는 비용	한도 없음 (양산자금 사용 불가)
외주용역비	• 자체적으로 시제품 제작을 완성할 수 없는 경우, 용역 계약을 통하여 일부 공정에 대해 외부업체에 의뢰하여 제작하고, 이에 대한 대가를 지급하는 비용	
기계장치 (공구기구, SW 등)	• 사업화를 위해 필요한 일정 횟수 또는 반영구적으로 사용 가능한 기계 또는 설비, 비품을 구입하는 비용	
특허권 등 무형자산 취득비	• 사업계획서 상의 창업아이템과 직접 관련있는 지식재산권 등의 출원·등록관련 비용	
인건비	• 소속직원이 사업에 직접 참여하는 경우 근로계약서 및 과제참여율에 따라 지급하는 급여 　* 대표자, 대표자와 특수관계인(배우자 및 직계존비속)은 인건비 지급 불가	
지급수수료	• 사업화를 위한 거래를 수행하는 대가로 요구하는 비용 (기술이전비, 학회 및 세미나 참가비, 전시회 및 박람회 참가비, 시험·인증비, 멘토링비, 기자재임차비, 사무실 임대료, 운반비, 보험료, 보관료, 회계감사비, 법인설립비 등)	
여비	• 창업기업 대표, 재직 임직원이 소재지를 벗어나 업무관련 출장 등의 사유로 집행하는 비용	
교육훈련비	• 창업기업 대표, 재직 임직원이 사업화를 위해 기술 및 경영교육 이수 시 집행하는 비용	
광고선전비	• 창업기업 제품과 기업을 홍보하기 위한 홈페이지 제작비, 홍보영상, 홍보물 제작 등의 광고 게재, 기타 마케팅에 소요되는 비용	
창업활동비	• 창업(준비)활동에 필요한 국내 출장여비, 문헌구입, 소모품 구입비 등에 소요되는 경비 　* 사업자등록 시 해당 비목 사용 불가	월 50만원 한도

구 분	지원 세부 내용
창업 프로그램	• 주관기관의 강점과 특성을 반영하여 예비창업자를 지원하는 프로그램 제공 　* **프로그램 예시** : BM구체화, 온-보딩(정착)지원, 창업 기초·실무교육, 멘토링, 네트워킹, 투자유치연계 등 역량강화 지원
※ 주관기관별 지원 프로그램이 상이하므로 [별첨 2] 참고	

- 참여방법

 신청기간　2024년 1월

 신청방법　K-Startup 홈페이지(www.k-startup.go.kr)를 통한 온라인 신청·접수

 제출서류　사업계획서 등(자격 증빙서류 등)

그림 104 생애최초 청년창업사업 참여방법

- 평가 및 선정

□ **평가 절차** : 총 2단계 평가(서류 → 발표)를 통해 최종 선정
  * 선정평가 일정, 단계별 평가결과 등은 신청 시 <u>선택한 주관기관</u>에서 안내 예정

< 생애최초 청년 예비창업자 선정평가 절차(안) >

① 요건검토	② 서류평가 (2배수 내외)	③ 발표평가	④ 최종 선정
자격기준 검토 및 서류평가 대상자 확정	제출된 사업계획서 토대로 서류 평가 (2배수 내외 선정)	예비창업자 발표 및 질의응답	선정 확정 및 정부지원사업비 심의 후 최종 공고
'24.2월 초	'24.2월 중	'24.2월 말	'24.3월 중

신청자의 요건검토는 창업진흥원 및 주관기관에서 상시 진행하며,
선정 이후에도 신청자격 미충족 등이 확인되는 경우 탈락 처리

※ 상기 일정은 주관기관별 신청 및 평가현황 등 대내외사정에 따라 변경될 수 있음

□ **평가 방법**

① **요건검토** : 사업계획서, 증빙서류 등을 확인하여 신청자격 등 검토

② **서류평가** : 사업계획서를 평가지표에 따라 평가(가점 포함)하여, 발표평가 대상자 확정(최종 선정규모의 2배수 내외)

< 서류평가 가점 대상 >

구분	대상자	점수	비고 (제출서류 등)
가점 (최대 1점)	• '22~'23년 혁신창업스쿨 2단계 수료자 - 혁신창업스쿨 최종보고서 아이템 핵심요소가 동일한 경우에 한함	1점	제출 불필요 (별도 확인 예정)

③ **발표평가** : 창업 아이템 개발 동기, 예비창업자 및 팀원의 역량, 타 기업/기관과 협업방안 및 진행정도 등을 종합적으로 평가

- 발표평가는 예비창업자(동 사업 신청자)의 참석을 원칙으로 하며, 발표 및 질의응답을 통해 창업 아이템에 대해 심층 평가

  * 평가시간 : 25분 이내(발표 15분 내외 + 질의응답 10분 이내)
  ** 평가방법 : 대면평가를 원칙으로 하되, 상황에 따라 온라인 평가로 운영 가능

□ **평가지표**

o 창업 아이템 대한 개선과제 및 방향, 성장전략, 예비창업자 및 팀원의 보유역량, 타 기업/기관과 협업방안 등을 종합적으로 평가

  * 취득점수가 평가항목별 배점의 60% 미달 시 선정대상에서 제외

< 서류·발표 평가지표 주요 내용 >

평가항목	서류평가 세부내용	발표평가 세부내용
1. 문제인식 (Problem)	시장·고객분석 현황, 창업아이템 개발 목적 등	창업아이템 개발동기·목적 등
2. 실현가능성 (Solution)	진입 목표시장 분석, 제품·서비스 개발방안 등	창업아이템의 차별성, 협약기간 내 실현 가능성 등
3. 성장전략 (Scale-Up)	창업아이템의 사업화 방안 추진일정, 자금조달계획 등	성장 가능성, 기대성과 단계별 추진 로드맵 등
4. 팀 구성 (Team)	대표자 및 팀원의 보유역량	조직 운영방안, 고용계획, 팀 역량 강화방안 등
5. 협동가능성 (Cooperation)	타 기술·창업아이템과 협동·융합방안	타 기업/기관과 협업방안 및 진행정도 등

나. 집합교육

집합교육은 예비창업자와 기창업자를 대상으로 창업을 위한 기본 교육과정을 무료 오프라인 강의로 제공합니다. 각 과정별 50~100명 내외로 수시 모집하기 때문에 수강신청 공고를 잘 확인하여 수강신청을 하시고 교육을 받으셔야 합니다. 교육은 보통 2~3일, 총 12~14시간 동안 진행됩니다.
강좌 내용은 창업 준비절차부터 사업계획서 이론 및 작성 실습, 마케팅 및 홍보 전략과 불공정피해 예방교육 등으로 구성됩니다.

다. 온라인교육

그림 109 창업과정 온라인 교육

온라인 교육은 업종별 기본이론 교육으로 누구나 시간과 공간적 제약 없이 온라인과 모바일에서 학습이 가능해요! 온라인강좌이니 모집인원 수 제한도 없답니다! 10개 과정 중 외식업 창업 과정의 경우 외식업 예비창업자들을 위하여 메뉴개발, 가격전략, 상권입지 분석 등의 기본 지식을 알려주는 30차시 강의로 구성되어 있습니다!

라. 멘토링 체험

그림 110 백선생 부럽지 않은 비법전수현장체험(멘토링)

과학기술정보통신부에서 시행하는 사업그룹 멘토링프로젝트는 성공·실패 경험을 가진 선배 벤처기업인들의 풍부한 경험과 노하우를 바탕으로 청년창업가의 기술·경영 애로사항 등을 진단하고 해결 방안을 제시하여 ICT, 4차산업혁명 분야 벤처 창업 활성화와 실패 후 재창업에 이르는 창업 생태계 선순환 모델을 구축하는 사업이다. 전담형 멘토링 및 선택형 멘토링으로 모집하며 예비창업자 및 창업기업이 대상이다.

■ 주요 사업내용

□ 청년창업가 멘토링
- ICT 및 4차산업혁명 분야 청년창업가의 제품 개발, 마케팅 등 기술·경영 전반에 대한 멘토링 추진(상·하반기 각 1회 모집)
  - 멘토-멘티 결연식(OT) : 전담멘티를 선발하여 센터의 프로그램 및 멘토링 프로세스를 설명 및 멘토링 수행계획서 등 작성(상 하반기 총 2회)
  - 전담멘토링 : 멘티 멘토가 1:1로 전담매칭을 통한 멘토링 제공
  - 협업멘토링 : 전문분야, 지역 등 멘토 멘티 간 협업을 통해 다양한 의견을 반영하여 사업에 요구되는 사항의 수정 및 발전을 할 수 있는 멘토링 마련
  - 전담멘티 네트워킹 : 권역 별 멘티기업의 비즈니스 공유 및 지역 멘티 멘토간 코워킹을 할 수 있는 네트워킹 장 마련

□ 투자유치 지원강화
- 투자가능성이 높은 멘티기업을 선정하여 투자역량강화를 위한 투자네트워크 구축, 투자아카데미, 투자IR, 데모데이 개최
  - 혁신성장 비즈니스 미팅 : 전담 멘티의 혁신성장과 판로, 매출 확보를 위한 국내 선도기업 및 기관 등 업무협의를 위한 사업설명과 제품 시연을 통해 협력방안 도출
  - 투자 아카데미 : 전담 멘티의 투자역량 강화를 위한 성장단계별 투자유치 이론과 실전 IR계획서 작성 등 체계적인 교육 운영

□ 멘토역량 강화 교육
- 고품질 멘토링 서비스 제공을 위한 멘토역량강화 교육(이론 및 교습법, 기본소양 등)을 통해 창업 전문 멘토로 양성

□ 스타트업 Fellowship Day
- 선·후배 멘티 및 창업가, 벤처기업인 및 엔젤 투자자 등이 참여하는 네트워킹 행사 개최, 지식과 경험이 교류되는 청년창업의 플랫폼 제공(연 1회)

□ 글로벌 파트너십 체결
- 우수멘티 중 해외 진출이 필요한 기업을 선발하여 글로벌 파트너십 체결 프로그램 수혜의 기회 제공(상하반기 각 1회)

□ 지역창업활성화를 위한 멘토링 지원
- 오픈멘토링 : 부산창업카페, 광주 I-Plex, 건국대, 창조경제혁신센터, 우체국기술혁신센터 등 일반 창업자대상 오픈멘토링 제공
- 지역창업 경진대회 지원 : 지역창업활성화를 위한 부산, 광주, 대구, 군산 등 지역 창업 경진대회 공동 주관/주최 지원

○ 창업기업(팀)의 성장단계를 고려한 전담형·선택형 멘토링으로 구분

지원 유형(택 1)	대상	주요 내용
전담형 멘토링	• 예비창업자 • 7년 이내의 창업기업 • 창업기업 중 정기적 멘토링 희망자	• 경영 애로사항부터 사업화 자금 확보까지 창업 전반에 대한 맞춤형 1:1 밀착 멘토링 제공 (월 2회 이상 진행) • 실전창업교육 제공 • (협업멘토링) 멘티 희망 시 니즈에 맞는 다른 멘토를 초청하여 멘토-멘티 간 1:N 또는 N:N 형태의 차별화된 멘토링 제공
선택형 멘토링	• 7년 이내의 창업기업 • 창업기업 중 특정 분야 집중지원 희망자	• 특정 역량의 집중 향상 및 실질적인 애로 해소를 위한 Focal Point형 멘토링 • 희망 분야 멘토링 제공 (최대 월 8회, 중복 선택 가능) • 스케일업 프로그램 제공

※ 멘토링은 대면 및 비대면 진행 모두 가능
※ '전담형 멘토링' 참여자도 전담멘토 또는 주관기관 추천을 통해 '선택형 멘토링' 참여 가능

< 선택형 멘토링 전문 분야 구성(안) >

구분	내용	구분	내용
BM 고도화	비즈니스 모델 분석, 피보팅, MVP 제작, 경쟁력 확보 전략	HRD·HRM	직무 및 조직설계, 인력 수급 및 배치통제 등 인사노무 관리
제품·SVC	제품 및 서비스 개발·기획, 품질 관리, 생산전략, 아웃소싱 등	재무·자금조달	재무 분석 및 전략, 자금확보방안, 재무 리스크관리 등
영업·유통	고객개발 및 창출, 판로개척 등	투자유치 전략	IR 고도화, 성과관리, 투자계약 및 사용 계획 수립, 투자자 네트워크
마케팅·브랜딩	4C&4P 분석 및 전략 수립, 디지털마케팅, 브랜드 기획 등	해외 진출 전략	해외 시장분석, 해외 AC/VC 네트워크
R&D	기술트렌드 분석, PoC, 연구 및 개발 기획, 기술사업화 전략 등	EXIT 전략	M&A, IPO 등 기업 성장·전환 전략 계획 수립

마. 내 가게 위치 선정을 신중하게! :: 상권분석서비스

"서울시가 다양한 상권분석을 도와드립니다"

서울시가 이미 부유하고 있거나 외부 기관과 협력하여 상권 관련 빅데이터를 확보하였고
이 데이터를 토대로 자영업자가 가장 많이 창업하고 있는 100개의 생활밀접업종을 선별하여
업종별 다양한 정보를 상권단위로 제공하고 있습니다.

다양한 상권분석 지원 체계

빅데이터 기반
다양한 상권분석 서비스

외식업 창업에서 가장 중요한 것 중 하나가 바로 **점포의 위치 선정**이겠죠! 실패가 두려운 당신을 위해 서울시가 골목상권을 분석해서 정보를 제공해준다니 활용해봅시다.

서울시는 상권 관련 빅데이터를 토대로 자영업자가 가장 많이 창업하고 있는 43개의 생활밀착업종을 선별하여 업종별 다양한 정보를 상권 단위로 제공하고 있습니다.

골목상권 분석 서비스는 서울시가 창업예정자 및 기존 자영업자에게 상권 관련 정보는 물론 골목상권 단위로 모니터링을 통해 상권의 위험을 감지하여 정보를 제공해줍니다. 또한 소상공인경영지원센터의 200여 명의 전문 컨설턴트가 전문가용 골목상권 분석 서비스를 통해 자영업 지원 및 창업 컨설팅을 지원한다고 합니다.

창업자금이 필요하다면? 청년전용 창업자금

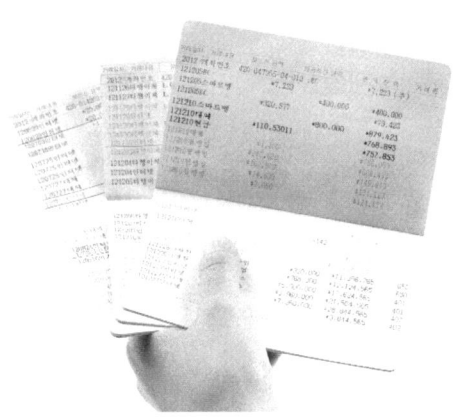

그림 116 청년전용 창업자금

창업을 위해서는 뭐니뭐니해도 창업 자금이 필요하겠죠! 중소기업진흥공단에서는 예비창업주들을 위해서 다양한 방식으로 일반 시장금리보다 낮은 금리로 자금을 지원하거나 투자하고 있는데요~ 그 중에서도 청년전용창업자금은 청년만 신청할 수 있답니다!

청년전용창업자금 지원대상자는 대표자가 만 39세 이하로 사업 개시일로부터 3년 미만(신청·접수일 기준)인 중소기업 및 창업을 준비 중인 자라고 합니다. 청년 창업자들을 위해 특별히 마련된 자금지원제도라고 할 수 있겠네요!

▶ **지원내용**
○ 시설자금
 - 생산, 정보화 촉진, 유통 및 물류, 생산환경 개선 등에 필요한 기계장비의 구입에 필요한

자금
 - 자가 사업장 확보를 위한 토지 구입비 및 건축 자금
    * 범위 : 사업장(공장) 내 기숙사 등 복리후생 관련 복지시설 포함
    * 토지구입비는 건축허가가 확정된 사업용 부지 및 산업단지 등 계획입지의 입주계약자 중 6개월 이내 건축착공이 가능한 경우에 한함
 - 자가 사업장 확보를 위한 사업장 매입 자금(경,공매 포함)
    * 자가 사업장 확보 자금은 기업당 3년 이내 1회로 지원 한정
○ 운전자금
 - 원부자재 구입, 제품의 생산, 시장 개척, 기술 개발, 인건비, 임차보증금 등 기업 경영 활동에 소요되는 자금
 - 약속어음 폐지 및 감축을 위해 대금 지급방식을 현금지급 방식으로 전환하는데 필요한 비용

○ 대출 금리 : 연 2.5%(고정)

○ 대출 기간
 - 시설자금 : 10년 이내(거치 3년 이내 포함)
 - 운전자금 : 6년 이내(거치 3년 이내 포함)

○ 대출한도 : 기업당 최대 1억원 이내
    * 제조업 및 지역특화(주력)산업은 2억원 이내

▶ **선정기준**
○ 2024년 중소기업 정책자금 융자공고 상 융자제한기업 등 제외
- 융자제한기업 : 최근 5년 이내 정책자금을 3회 이상 지원받은 기업 등
    * (예외자금,빙식) 긴급경영안정자금, 스케일업금융('22년까지 투융자복합금융),새도약지원자금, 매출채권팩토링, 동반성장네트워크론, 이차보전
○ 소재·부품·장비 강소기업 100·스타트업 100·경쟁력위원회 추첫기업, 중기부 신산업 스타트업 육성 선정기업
    * (신규지원 시 예외대상) 최근 1년간 수출실적 30만 달러 이상 기업('24년에 한함), 소재 부품 장비 강소기업 100, 스타트업 100, 경쟁력 강화위원회 추천기업, 중기부 신산업 스타트업 육성 선정기업

▶ **지원대상**
○ 대표자가 만 39세 이하로 사업 개시일로부터 3년 미만(신청, 접수일 기준)인 중소기업 및 창업을 준비 중인 자(최종 융자 시점에는 사업자등록 필요)

▶ **절차/방법**
○ 융자 신청은 '온라인 상담예약 → 사전상담 → 정책우선도평가 → 온라인융자신청' 순으로 진행
 - 당월 자금 희망기업은 전월말 신청

* 단, 지역본(지)부 접수상황에 따라 온라인신청 접수월 조정 가능

바. 전통시장에 내 가게가 생긴다!? 청년상인 창업지원

『전통시장 및 상점가 육성을 위한 특별법』에 의거 전통시장에서 영업 중인 청년상인 및 예비 청년상인을 지원하는 사업입니다.

청년상인 창업지원은 창업에 필요한 교육과 창업역량강화 교육을 비롯해서 보증금, 임차료, 인테리어 비용 등의 점포 입점 비용을 지원하고, 안정적인 정착을 위한 마케팅 및 컨설팅 비용까지 지원해준다고 합니다.

▶지원사업 요약

구분	지원자격	지원내용
도약지원사업	공고일 기준 전통시장 및 상점가 내에서 영업 중인 만 39세 이하 청년상인	■ 모집규모 : 150명 내외 ■ 지원금액 - 1인 1,000만원 한도(자부담 20% 이상) ■ 지원분야 : 개발지원, 홍보·마케팅, 점포개선 등
핵점포 발굴		■ 모집규모 : 5명 내외 ■ 지원금액베 - 1인 2,000만원 한도(자부담 20% 이상) ■ 지원분야 : 홍보·마케팅, BM 및 기업가형 소상공인 컨설팅 등
청년상인 창업지원 및 가업승계	공고일 기준 사업자등록이 되어 있지 않은 만 39세 이하 예비청년상인	■ 모집규모 : 25명 내외 - 창업지원 20명, 가업승계 5명 ■ 지원금액 - 1인 2,500만원 한도(자부담 20% 이상) ■ 지원분야 : 인테리어, 기반시설, 홍보·마케팅, 창업교육 등

* 각 사업별 상세 지원자격 및 지원내용, 추진 일정 등은 개별 지원사업 안내문 참조
** 추진 현황에 따라 지원내용 및 규모, 금액 등은 변경될 수 있음

지금까지 청년들의 외식업 창업에 도움이 될만한 지원정책들을 살펴보았는데요~
외식업을 창업을 희망하는 청년들이 가진 아이디어와 역량을 마구 뽐내며 무료로 실제 레스토랑을 운영해 볼 수 기회, 외식창업 인큐베이팅에 대해 아시나요?

사. 외식창업인큐베이팅 사업 '청년키움식당'

'청년키움식당'은 한국농수산식품유통공사가 청년들이 외식 창업 과정에서 겪을 수 있는 시행착오를 최소화하고 자생력을 높여 성공적인 창업으로 이어지도록 하기 위해 추진하는 프로젝트로, ▲서울 신촌점 ▲서울 중구점 ▲전북 완주점 ▲전북 전주점까지 총 4개 지정이 운영되고 있다.
외식창업을 희망하는 대학생 및 청년들을 대상으로 창업 이전에 실질적인 사업 운영 기회를 제공하여 성공적인 창업을 유도하며 자본금없이 창업 경험이 가능하고, 다양한 교육 및 컨설팅 등을 지원하여 지역 내 청년 외식 사업가를 육성한다.

▶지원자격
- 1년 이내 외식창업 경험이 있는 만19세~39세 이하의 청년 팀(최소 2인이상)

▶합격혜택
- 주방설비, 기물 및 인테리어와 운영 전후 과정에서 필요한 창업 교육 지원, 홍보 컨설팅, 메뉴 개발 지원

매장운영기간은 참가팀별 최소 1개월에서 최대 2개월까지이며, 협의하여 운영 기간은 별도로 설정할 수 있다. 운영 기간동안 매장의 메뉴선정, 서비스 등의 모든 운영은 참가팀의 자율로 하되 사업운영기관과 협의 후 최종 결정한다.

매장 영업시간은 11:30~20:30를 기본으로 하되 참가팀의 재량에 따라 사업 운영기관과 협의 후 조정할 수 있으며 영업시간 최소 1시간 전에 영업 준비를 시작함을 원칙으로 한다.

매장에서의 업무는 주방, 홀, 카운터로 구분하며 운영기간 동안 일별로 사전에 사업운영기관과 공유해야한다.

참가팀은 청년키움식당 운영에 대한 일일 운영일지를 매일 마감 후 작성하고 운영기간 완료 후 최종종합보고서를 장성하여 운영담당자(매니저)에게 제출한다.[51]

아. 청년창업사관학교

청년창업사관학교는 우수기술을 보유한 청년 창업자를 발굴하고 사업계획 수립부터 사업화까지 창업의 전 과정을 지원해 혁신적인 청년 창업가를 양성하고자 중소벤처기업진흥공단이 2011년 경기도 안산시에 설립했다. 청년창업사관학교는 개교부터 2022년까지 청년 창업가 4,753명을 배출했는데 이 기간 이들이 창업한 기업은 누적 매출 3조 5,738억 원과 신규 일자리 4만 2,290개를 창출했다.

---

51) 2024년 외식창업 인큐베이팅 사업, 한국농수산식품유통공사

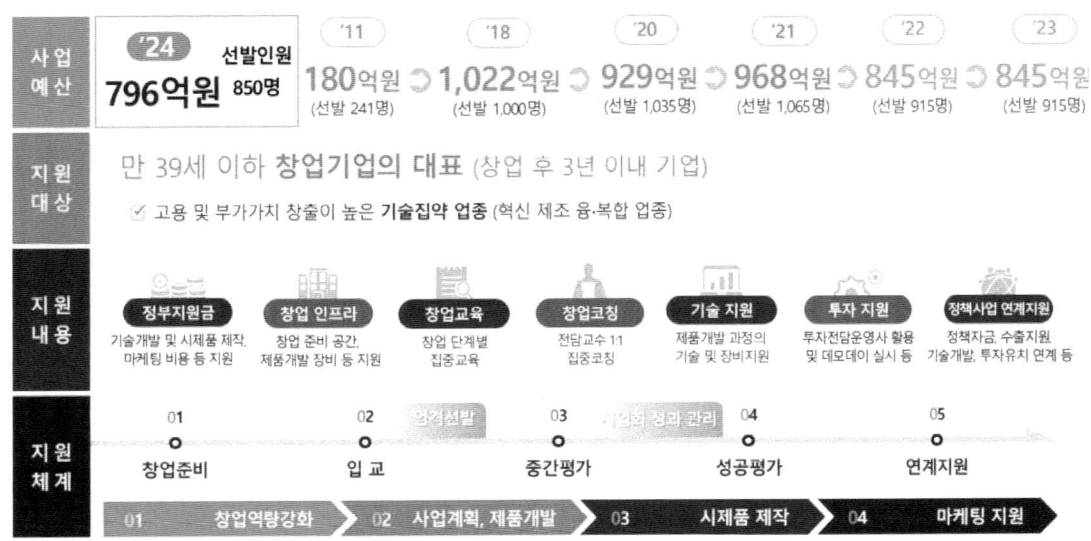

국내 최초로 공인인증서 없이 간편송금 서비스를 시작한 토스. 2015년 토스는 서비스를 시작한 지 3년 만인 2018년에 기업가치 1조 원이 넘는 '유니콘기업'에 등극했습니다. 이 서비스를 개발한 비바리퍼블리카 이 대표 또한 청년창업사관학교 2기 출신이며 그는 청년창업사관학교에서 사업기획안 작성부터 자금조달, 판로개척 등 실질적인 창업교육을 받으며 성장했다.

부동산 거래 플랫폼으로 유명한 '직방'을 운영하는 안 대표도 청년창업사관학교 1기 출신으로 당초 전자상거래로 창업한 안 대표는 청년창업사관학교 교육과정을 통해 '부동산 거래'로 분야를 한정했다.

사관학교라는 명칭에서 알 수 있듯이 입교 후 1년간 창업 교육을 제대로 배울 수 있고 기업가정신 고취를 위한 교육, 창업 실무 지도 등의 수업을 받아 1년간 80학점 이상 이수해야 한다는 졸업요건도 있다.

창업자금부터 교육, 지도, 공간·장비 판로까지 그야말로 창업에 필요한 모든 것이 지원되며 입교생이 되면 1년간 창업 공간으로 활용할 사무공간과 실무역량 중심의 창업 교육, 내·외부 복수 전문가로 구성된 전담 코치 지도(멘토링)를 지원받을 수 있다. 제품 개발과 판로 확보 등 창업 성공률을 높이기 위한 공통 교육뿐 아니라 창업 과제별 전문기술과 경영 교육 등도 제공된다.

입교생의 아이디어를 신속하게 사업화할 수 있도록 제품 개발 전문인력을 두고 상시적으로 개발 자문 및 시제품 제작을 지원하는 제품 개발실도 운영하고 있다. 설계도면 없이 간략한 아이디어만 있는 경우에도 디자인과 설계 지원 등 제품 개발 컨설팅을 통해 원하는 시제품을 제작할 수 있는 것이다.

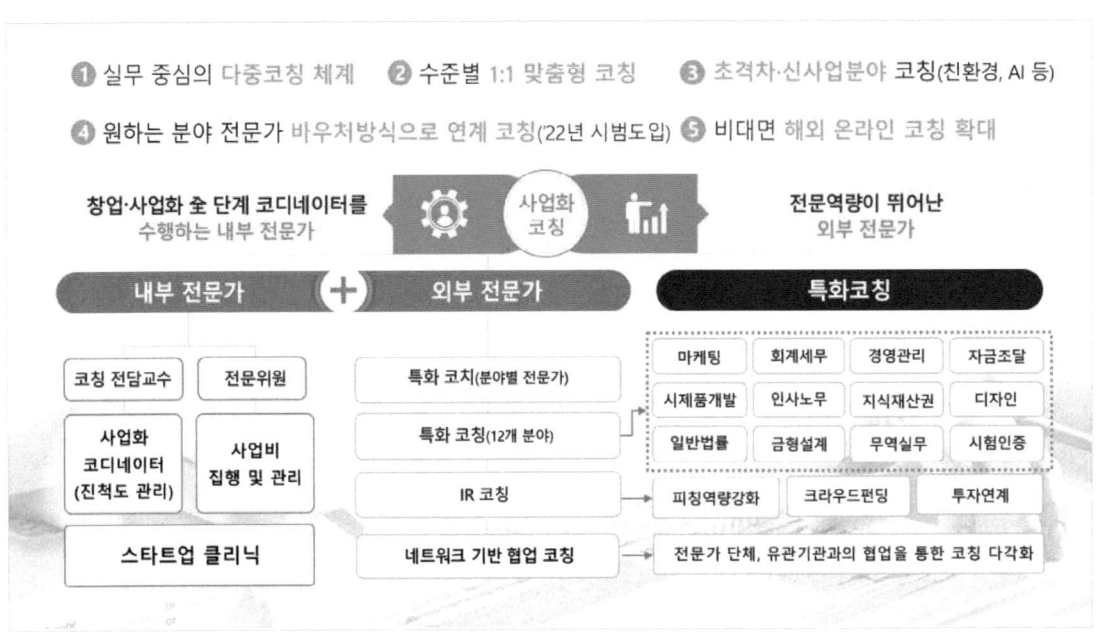

개발자금으로 총 사업비의 70% 범위 내에서 1억 원까지 사업화 자금이 지원되므로 청년 창업의 최대 걸림돌인 창업자금 문제도 해결할 수 있다. 졸업 후에도 5년간 청년 창업가들이 안정적 성장 발판을 마련할 수 있도록 성장 이력을 관리하며 정책자금, 내수판로, 수출마케팅, 투자유치, 연구·개발(R&D) 등 중소벤처기업진흥공단뿐 아니라 유관기관의 다양한 지원시책을 연계해 청년 창업가들의 성장을 돕는다.

이 같은 체계적인 교육과 지원을 거친 만큼 창업 생존율도 높다. 청년창업사관학교 출신 창업기업의 1년 차 생존율은 99.9%, 3년 차는 84.6%, 5년 차는 73.4%에 달하며 창업기업의 경우 5년을 넘기면 어느 정도 안정권에 들어선 것으로 판단하는데 일반 창업기업의 경우 5년 차 생존율은 31.5% 정도이다.[52]

---

52) '토스', '직방' 키워낸 청년창업사관학교, 어떤 곳인가요?/ 작성자 공감

초판 1쇄 인쇄 2025년 8월 22일
초판 1쇄 발행 2025년 9월 08일

편저 비피기술거래 비티인사이트
펴낸곳 비티인사이트
발행자번호 9994049
주소 전북 전주시 서신동 780-2 3층
대표전화 063 277 3557
팩스 063 277 3558
이메일 bpj3558@naver.com
ISBN 979-11-993705-8-6(13320)

이 도서의 국립중앙도서관 출판예정도서목록(CIP)은 서지정보유통지원시스템홈페이지 (http://seoji.nl.go.kr)와국가자료공동목록시스템 (http://www.nl.go.kr/kolisnet)에서 이용하실 수 있습니다.